中职升学考试丛书

数学同步练习

（拓展模块）

主　编　郑常秀　石国万

副主编　段　丹　张素君　陈志珍

编　者　王传敏　孙　殷　马彦琳　王兆顺

宁从江　张　锋　廖雪刚　崔炳金

重庆大学出版社

图书在版编目(CIP)数据

数学同步练习 : 拓展模块 / 郑常秀, 石国万主编
. -- 重庆 : 重庆大学出版社, 2022.10(2025.8 重印)
(中职升学考试丛书)
ISBN 978-7-5689-3511-1

Ⅰ. ①数… Ⅱ. ①郑… ②石… Ⅲ. ①数学课—中等
专业学校—升学参考资料 Ⅳ. ①G634.603

中国版本图书馆 CIP 数据核字(2022)第 159433 号

数学同步练习

(拓展模块)

SHUXUE TONGBU LIANXI

TUOZHAN MOKUAI

主 编 郑常秀 石国万

责任编辑:章 可 版式设计:章 可

责任校对:关德强 责任印制:赵 晟

*

重庆大学出版社出版发行

社址:重庆市沙坪坝区大学城西路 21 号

邮编:401331

电话:(023) 88617190 88617185(中小学)

传真:(023) 88617186 88617166

网址:http://www.cqup.com.cn

邮箱:fxk@cqup.com.cn (营销中心)

全国新华书店经销

重庆新生代彩印技术有限公司印刷

*

开本:787mm×1092mm 1/16 印张:9.5 字数:220 千

2022 年 10 月第 1 版 2025 年 8 月第 3 次印刷

ISBN 978-7-5689-3511-1 定价:28.00 元

前言 QIANYAN

本书认真贯彻全国职业教育大会精神，深化“三教”改革，根据《中等职业学校数学课程标准》全面落实立德树人的根本任务，结合中等职业学校学生学习数学的实际情况，遵循学生的认知规律，紧紧围绕“四基”“四能”以及数学学科核心素养培育进行编写，在练习内容、习题挑选、问题情景创设、课程思政元素的融入等方面进行了创新，是一本易学、能学、会做、会用的同步练习册。学生通过完成本书的练习能更好地理解数学的基本概念，掌握数学的基础知识，熟悉数学的基本思想和方法，具备一定的数学应用意识和能力，提升数学运算、直观想象、逻辑推理、数学建模等数学学科核心素养。本书由长期从事中职数学教学、教学经验丰富且教学能力强的高、中级骨干教师编写。

本书由 6 个单元（充要条件、三角计算、数列、平面向量、圆锥曲线和立体几何）的练习题和单元检测题组成。

每个单元中小节的基本结构：基本概念（含公式、方法归纳等）、水平一练习、水平二练习、综合练习。每个单元的最后均有一个自我评价。

本书特色如下：

1. 夯实基础，突出重点

本书是根据最新数学课程标准，把每单元中每小节的知识点都细化到每个小练习题中，在基本概念部分，采用表格的形式让学生填空，初步考查学生对每节的重要概念和公式的理解或掌握情况，使学生更清楚学习的要点。

2. 分层次练习，面向全体学生

本书的练习由水平一练习、水平二练习和综合练习三部分组成，这三部分试题由易到难，遵循了学生学习的认知规律，让不同学业水平层次的学生进行有针对性的练习，中专或就业班的学生可选择做水平一练习和部分水平二练习，参加高考或升学的学生可完成综合练习。带“ * ”的练习题供学生选做。

3. 辅助学习，培养能力

本书配有三个层次的练习，水平一练习是创设单一情境的习题，强化训练学生对基本概念的理解和公式的简单应用，水平二练习是创设关联情境的习题，帮助学生灵活运用数学知识解决一些简单的数学或实际问题，培养学生的数学思维能力、理解能力、数学运算能力、分析和解决问题的基本能力，综合练习是所学知识的综合应用，为学有余力的同学搭建了一个提升综合解题能力的平台。

4. 自我评价,查漏补缺

本书每个单元的最后配有自我评价,让学生及时检测本单元的学习情况,查漏补缺,以便养成良好的学习习惯,提高学习效率。

5. 单元检测,及时反馈

本书最后配有每个单元的单元检测题,题型是填空题、选择题、解答题,其目的是及时检验学生对每个单元知识的掌握情况,可在每单元学完后进行测评,夯实基础,提升学生的数学综合解题能力。

本书由郑常秀、石国万主编,段丹、张素君、陈志珍任副主编,编者有王传敏、孙殷、马彦琳、王兆顺、宁从江、张锋、廖雪刚、崔炳金。由于作者的水平有限,书中难免出现不妥之处,欢迎广大读者批评指正。

编　者

2022 年 8 月

目录 MULU

第 1 单元　充要条件 …… 1

1.1　命题与逻辑联结词 …… 1

1.2　充分条件与必要条件 …… 4

自我评价 1 …… 7

第 2 单元　三角计算 …… 9

2.1　和角、差角公式 …… 9

2.2　二倍角公式 …… 12

2.3　和(差)角、二倍角公式的综合运用 …… 15

2.4　正弦型函数 …… 19

2.4.1　正弦型函数的图像性质 …… 19

2.4.2　正弦型函数的简单应用 …… 23

2.5　解三角型 …… 27

2.5.1　正弦定理、余弦定理和面积公式 …… 27

2.5.2　三角计算的应用 …… 31

自我评价 2 …… 34

第 3 单元　数列 …… 37

3.1　数列的概念 …… 37

3.2　等差数列 …… 40

3.3　等比数列 …… 44

3.4　数列的实际应用举例 …… 47

自我评价 3 …… 51

第 4 单元　平面向量 …… 53

4.1　平面向量的概念 …… 53

4.2　平面向量的线性运算 …… 57

4.3　平面向量的直角坐标及其运算 …… 61

4.4　平面向量的内积 …… 64

自我评价 4 …… 69

第 5 单元　圆锥曲线 …… 71

5.1　椭圆 …… 71

5.2　双曲线 …… 76

5.3　抛物线 …… 81

5.4　直线与圆锥曲线 …… 84

自我评价 5 …… 88

第 6 单元　立体几何 …… 90

6.1　平面的基本性质 …… 90

6.2　直线与直线的位置关系 …… 94

6.2.1　平行直线 …… 94

6.2.2　异面直线 …… 97

6.3　直线与平面的位置关系 …… 102

6.3.1　直线与平面平行 …… 102

6.3.2　直线与平面垂直 …… 106

6.3.3　直线与平面所成的角 …… 109

6.4　平面与平面的位置关系 …… 113

6.4.1　平面与平面平行 …… 113

6.4.2　二面角 …… 117

6.4.3　平面与平面垂直 …… 122

自我评价 6 …… 125

“充要条件”单元检测题 …… 127

“三角计算”单元检测题 …… 130

“数列”单元检测题 …… 133

“平面向量”单元检测题 …… 136

“圆锥曲线”单元检测题 …… 139

“立体几何”单元检测题 …… 143

第 1 单元　充要条件

1.1　命题与逻辑联结词

【基本概念】

名称	概念	举例
命题	可以判断真假的陈述句	$5>2$
真命题	判断为真的语句	$-2<0$
假命题	判断为假的语句	$-1>3$
复合命题	用“或”“且”“非”联结词表示的命题	小莉是“三好学生”且是优秀学生干部
逆命题	在两个命题中,如果一个命题的条件是第二个命题的结论,且第一个命题的结论是第二个命题的条件,那么称这两个命题为互逆命题,如果把其中一个称为原命题,则另一个称为原命题的逆命题	原命题:如果两条直线平行,那么这两条直线的倾斜角相等. 逆命题:如果____________,那么____________
否命题	一个命题的条件和结论分别是另一个命题的条件的否定和结论的否定,这样的两个命题称为互否命题	原命题:如果两条直线平行,那么这两条直线的倾斜角相等. 否命题:如果两条直线不平行,那么这两条直线的倾斜角不相等
逆否命题	一个命题的条件和结论分别是另一个命题的结论的否定和条件的否定,这样的两个命题称为逆否命题	原命题:如果两条直线平行,那么这两条直线的倾斜角相等. 逆否命题:如果两条直线的倾斜角不相等,那么这两条直线不平行

【水平一练习】

一、填空题

1. “中国是一个伟大的国家!”这句话________命题.(填“是”或“不是”)

2. “你现在高兴吗?”这句话________命题.(填“是”或“不是”)

3. “学习大国工匠精神能让自已变得更好.”这句话________命题.(填“是”或“不是”)

4. “平方等于本身的实数是0和1.”这句话是________命题.(填“真”或“假”)

5. “负数比0大.”这句话是________命题.(填“真”或“假”)

6. 命题p:6是3的倍数,命题q:6是2的倍数,p且q的命题是________________.

7. 命题p:$x-1=0$,命题q:$x+2=0$,p或q的命题是________________.

8. 命题p:2是质数,命题p的否命题是________________.

二、选择题

1. “$0<3$”(　　).

A. 不是命题　　B. 是真命题

C. 是假命题　　D. 无法判断

2. 复合命题“x既属于集合A又属于集合B”属于(　　).

A. “p且q”形式　　B. “p或q”形式

C. “非p”形式　　D. 无法判断

3. 复合命题“x属于集合A或属于集合B”属于(　　).

A. “p且q”形式　　B. “p或q”形式

C. “非p”形式　　D. 无法判断

4. 命题p:负数的相反数是正数,则命题p的否命题是(　　).

A. 负数的相反数是负数　　B. 正数的相反数是负数

C. 负数的相反数不是正数　　D. 正数的相反数不是正数

5. “如果$x>1$,那么$x>4$”(　　).

A. 不是命题　　B. 不是复合命题

C. 是真命题　　D. 是假命题

【水平二练习】

一、填空题

1. “0是自然数”的否命题是________________.

2. “当$\alpha\in\left(0,\frac{\pi}{2}\right)$时,若$\sin\alpha=\frac{1}{2}$,则$\alpha=\frac{\pi}{6}$”的逆命题是________________.

3. “若$xy>0$,则$x>0$,$y>0$.”的逆命题是________________.

4. “若$xy\neq0$,则$x\neq0$且$y\neq0$.”的逆否命题是________________.

5. “若$x\in A$,则$x\in A\cup B$.”的逆否命题是________________.

二、解答题

已知命题:指数函数$y=a^x$($a>0$且$a\neq1$)的图像必过点(0,1).分别写出原命题的否命题、逆命题和逆否命题.

【综合练习】

* 已知命题:若 $x \in A$ 且 $x \in B$,则 $x \in A \cap B$.

(1)判断原命题的真假;

(2)写出原命题的否命题、逆命题和逆否命题,并判断其真假.

【反思笔记】

(描述易错点、易混点、难点等)

1.2 充分条件与必要条件

【基本概念】

名称	概念	举例
充分条件	如果 $p\Rightarrow q$,则称 p 是 q 的充分条件	$p:x$ 是有理数,$q:x$ 是实数,那么 p 是 q 的充分条件
必要条件	如果 $q\Rightarrow p$,则称 p 是 q 的________条件	$p:x<2,q:x<1$,那么 p 是 q 的必要条件
充要条件	如果 $p\Rightarrow q$,且 $q\Rightarrow p$,则称 p 是 q 的充要条件	$p:x\neq 0,y\neq 0,q:xy\neq 0$,那么 p 是 q 的充要条件
既不充分也不必要条件	如果 $p\nRightarrow q$,且 $q\nRightarrow p$,则称 p 既不是 q 的充分条件,也不是 q 的必要条件	$p:a<b,q:\|a\|>\|b\|$,那么 p 既不是 q 的充分条件,也不是 q 的必要条件

【水平一练习】

一、填空题(用"$\Rightarrow$,$\nRightarrow$,$\Leftrightarrow$"填空)

1. $x>0$ ________ $x>5$.

2. $x=-1$ ________ $x^2=1$.

3. $a>b$ ________ $ac>bc$.

4. $x=0$ ________ $x^2=0$.

5. $x-2=0$ ________ $(x-2)(x+3)=0$.

6. $|x|=3$ ________ $x=3$.

7. $2x<10$ ________ $x<5$.

8. 函数 $f(x)$ 是偶函数________函数 $f(x)$ 的图像关于 y 轴对称.

二、选择题

1. "$a>0,b>0$"是"$ab>0$"的(　　).

A. 充分不必要条件　　B. 必要不充分条件

C. 充要条件　　D. 既不充分也不必要条件

2. "$a<b$"是"$a+6<b+6$"的(　　).

A. 充分不必要条件　　B. 必要不充分条件

C. 充要条件　　D. 既不充分也不必要条件

3. “$x=1$”是“$(x-1)(x+3)=0$”的(　　).

A. 充分不必要条件　　B. 必要不充分条件

C. 充要条件　　D. 既不充分也不必要条件

4. “$x^2=4$”是“$x=2$”的(　　).

A. 充分不必要条件　　B. 必要不充分条件

C. 充要条件　　D. 既不充分也不必要条件

5. “a 是自然数”是“a 是整数”的(　　).

A. 充分不必要条件　　B. 必要不充分条件

C. 充要条件　　D. 既不充分也不必要条件

【水平二练习】

一、填空题

1. “a 是 2 的倍数”是“a 是 4 的倍数”的________________条件.

2. “$x^2>9$”是“$x>3$”的________________条件.

3. “$-2<x-3<2$”是“$|x-3|<2$”的________________条件.

4. “$\alpha=30°$”是“$\sin\alpha=\frac{1}{2}$”的________________条件.

5. 当 $c\neq0$ 时，“$a>b$”是“$ac^2>bc^2$”的________________条件.

二、解答题

1. 命题 $p:x\in A\cup B$，命题 $q:x\in A\cap B$. 试判断 p 是 q 的什么条件.

2. 命题 $p:x\in \mathbf{N}$，命题 $q:x\in \mathbf{Z}$. 试判断 p 是 q 的什么条件.

3. 命题 p：圆的方程为 $(x+1)^2+(y-3)^2=16$，命题 q：圆心是 $(-1,3)$，半径是4. 试判断 p 是 q 的什么条件.

【综合练习】

1. 命题p:$m\in\{x\mid x=\frac{\pi}{2}+k\pi,k\in\mathbf{Z}\}$,命题$q$:$m\in\{x\mid x=-\frac{\pi}{2}+k\pi,k\in\mathbf{Z}\}$. 试判断$p$是$q$的什么条件.

2. 命题p:$x^2-3x+2>0$,命题q:$x<1$或$x>2$. 试判断p是q的什么条件.

*3. 如果命题p是命题q的必要不充分条件,命题m是命题p的充要条件. 试判断m是q的什么条件.

【反思笔记】

(描述易错点、易混点、难点等)

自我评价 1

（满分 100 分，时间 45 分钟）　　评价结果：________

一、选择题（每题 6 分，共 36 分）

1. “$x=2$”是“$x^2=4$”的（　　）.

A. 充分不必要条件　　B. 必要不充分条件

C. 充要条件　　D. 既不充分也不必要条件

2. “$x(x-3)=0$”是“$x=0$”的（　　）.

A. 充分不必要条件　　B. 必要不充分条件

C. 充要条件　　D. 既不充分也不必要条件

3. “a 是有理数”是“a 是无理数”的（　　）.

A. 充分不必要条件　　B. 必要不充分条件

C. 充要条件　　D. 既不充分也不必要条件

4. “$|a|<5$”是“$a^2<25$”的（　　）.

A. 充分不必要条件　　B. 必要不充分条件

C. 充要条件　　D. 既不充分也不必要条件

5. 指数函数 $y=a^x(a>0, a\neq 1)$ 在区间 $(-\infty, +\infty)$ 上为增函数是 $a>1$ 的（　　）.

A. 充分不必要条件　　B. 必要不充分条件

C. 充要条件　　D. 既不充分也不必要条件

6. “$ab>0$”是“$a>0, b>0$”的（　　）.

A. 充分不必要条件　　B. 必要不充分条件

C. 充要条件　　D. 既不充分也不必要条件

二、填空题（每题 6 分，共 24 分）

1. $(x-1)(x+2)<0$ 的充要条件是________________.

2. $(x-5)(x+3)\neq 0$ 的充要条件是________________.

3. “函数 $f(x)$ 是周期函数”是“$f(x)=\sin x$”的________________条件.

4. “$\cos x=\dfrac{1}{2}$”是“$x=60°$”的________________条件.

三、解答题(第 1 小题 13 分,第 2 小题 13 分,第 3 小题 14 分,共 40 分)

1. 设集合 $A=\{x|x^2+3x-10\leqslant 0\}$,集合 $B=\{x|a\leqslant x\leqslant b\}$,如果“$x\in A$”是“$x\in B$”的充要条件,求 a,b 的值.

2. 求一元二次方程 $x^2+ax+3=0$ 有实数根的必要条件.

3. 求直线 $x-y+m=0$ 与圆 $(x+2)^2+(y-3)^2=8$ 有公共点的必要条件.

第 2 单元　三角计算

2.1　和角、差角公式

【基本概念】

和角公式	表达式	变形式
两角的和与差的正弦公式	$\sin(\alpha+\beta)=$________； $\sin(\alpha-\beta)=$________	________$+\cos\alpha\sin\beta=\sin(\alpha+\beta)$； $\sin\alpha\cos\beta-$________$=\sin(\alpha-\beta)$
两角的和与差的余弦公式	$\cos(\alpha+\beta)=$________； $\cos(\alpha-\beta)=$________	________$-\sin\alpha\sin\beta=\cos(\alpha+\beta)$； $\cos\alpha\cos\beta+$________$=\cos(\alpha-\beta)$
两角的和与差的正切公式	$\tan(\alpha+\beta)=$________； $\tan(\alpha-\beta)=$________	$\tan\alpha+\tan\beta=$________； $1+\tan\alpha\tan\beta=$________

【水平一练习】

一、填空题

1. (1) $\sin 52^\circ\cos 8^\circ+\cos 52^\circ\sin 8^\circ=$____________；

   (2) $\sin 35^\circ\cos 5^\circ-\cos 35^\circ\sin 5^\circ=$____________.

2. (1) $\cos 81^\circ\cos 21^\circ+\sin 81^\circ\sin 21^\circ=$____________；

   (2) $\cos 21^\circ\cos 9^\circ-\sin 21^\circ\sin 9^\circ=$____________.

3. (1) $\dfrac{\tan 42^\circ+\tan 18^\circ}{1-\tan 42^\circ\tan 18^\circ}=$____________；(2) $\dfrac{\tan 98^\circ-\tan 53^\circ}{1+\tan 98^\circ\tan 53^\circ}=$____________.

4. 计算：(1) $\sin 75^\circ$；　　(2) $\sin 15^\circ$.

   解：(1) $\sin 75^\circ=\sin(45^\circ+30^\circ)=\sin 45^\circ\cos 30^\circ+$____________；

   $=\dfrac{\sqrt{2}}{2}\times\dfrac{\sqrt{3}}{2}+$____________$=$____________.

   (2) $\sin 15^\circ=\sin(60^\circ-45^\circ)=\sin 60^\circ\cos 45^\circ-$____________；

   $=\dfrac{\sqrt{3}}{2}\times\dfrac{\sqrt{2}}{2}-$____________$=$____________.

5. 计算：(1) $\cos 105^\circ$；　　(2) $\cos 15^\circ$.

解:(1) $\cos 105° = \cos(60° + 45°) = \cos 60° \cos 45°$____ $\sin 60° \sin 45°$

$= \frac{1}{2} \times \frac{\sqrt{2}}{2} -$ __________ $=$ __________.

(2) $\cos 15° = \cos(45° - 30°) = \cos 45° \cos 30° +$ __________;

$= \frac{\sqrt{2}}{2} \times \frac{\sqrt{3}}{2} +$ __________ $=$ __________.

6. 计算:(1) $\tan 105°$;　　(2) $\tan 15°$.

解:(1) $\tan 105° = \tan(60° + 45°) = \frac{\tan 60° + \tan 45°}{(\quad\quad)} = \frac{(\quad\quad)}{1 - \sqrt{3} \times 1} =$ __________.

(2) $\tan 15° = \tan(45° - 30°) = \frac{(\quad\quad)}{1 + \tan 45° \tan 30°} = \frac{(\quad\quad)}{1 + 1 \times \frac{\sqrt{3}}{3}} =$ __________.

二、选择题

1. $\sin 105° =$ (　　).

A. $-\frac{\sqrt{6} - \sqrt{2}}{4}$　　B. $\frac{\sqrt{6} - \sqrt{2}}{4}$　　C. $\frac{\sqrt{6} + \sqrt{2}}{4}$　　D. $-\frac{\sqrt{6} + \sqrt{2}}{4}$

2. $\sin 43° \cos 13° - \cos 43° \sin 13° =$ (　　).

A. $\sin 56°$　　B. $-\sin 56°$　　C. $\frac{\sqrt{3}}{2}$　　D. $\frac{1}{2}$

3. $\cos 39° \cos 21° - \sin 39° \sin 21° =$ (　　).

A. $\frac{\sqrt{3}}{2}$　　B. $\frac{1}{2}$　　C. $-\frac{1}{2}$　　D. $\cos 28°$

4. $\dfrac{\tan \frac{\pi}{4} + \tan \frac{\pi}{12}}{1 - \tan \frac{\pi}{4} \tan \frac{\pi}{12}} =$ (　　).

A. $-\sqrt{3}$　　B. $\sqrt{3}$　　C. $-\frac{1}{2}$　　D. $\frac{\sqrt{3}}{3}$

5. $\dfrac{\tan 105° - \tan 60°}{1 + \tan 105° \tan 60°} =$ (　　).

A. $-\sqrt{3}$　　B. $\sqrt{3}$　　C. 1　　D. -1

【水平二练习】

一、填空题

1. $\cos 52° \sin 38° + \sin 52° \cos 38° =$ __________.

2. $-\cos 49° \cos 19° - \sin 49° \sin 19° =$ __________.

3. $\sin 35° \sin 65° + \cos 35° \sin 25° =$ __________.

4. $\frac{1-\tan 45^\circ\tan 15^\circ}{\tan 45^\circ+\tan 15^\circ}=$____________.

5. 化简 $\cos(\alpha+\beta)\cos\beta+\sin(\alpha+\beta)\sin\beta=$____________.

二、解答题

1. 已知 $\sin\alpha=\frac{4}{5}$，α 是第一象限角，求 $\sin(\alpha+\frac{\pi}{4})$ 的值.

2. 已知 $\sin\alpha=\frac{5}{13}$，α 是第二象限角，求 $\cos(\alpha-\frac{\pi}{3})$ 的值.

3. 已知 $\sin\alpha=\frac{4}{5}$，α 是第二象限角，求 $\tan(\alpha+\frac{\pi}{4})$ 的值.

【综合练习】

1. 在 $\triangle ABC$ 中，已知 $A=\frac{\pi}{3}$，$B=\frac{\pi}{4}$，求 $\cos C$ 的值.

2. 化简$\dfrac{\sin\alpha\sin\left(\dfrac{\pi}{2}-\beta\right)-\cos(2\pi-\alpha)\sin\beta}{\cos\alpha\cos\beta+\sin\alpha\sin\beta}$.

3. 已知 $\tan\alpha,\tan\beta$ 是方程 $x^2+5x+6=0$ 的两个根,求 $\tan(\alpha+\beta)$的值.

【反思笔记】

(描述易错点、易混点、难点等)

2.2　二倍角公式

【基本概念】

和角公式	表达式	变形式
二倍角的正弦公式	$\sin 2\alpha=$________	$2\sin\alpha\cos\alpha=$________
二倍角的余弦公式	$\cos 2\alpha=$________; $\cos 2\alpha=$________; $\cos 2\alpha=$________	$\cos^2\alpha=$________; $\sin^2\alpha=$________
二倍角的正切公式	$\tan 2\alpha=$________	$1-\tan^2\alpha=\dfrac{2\tan\alpha}{\tan 2\alpha}$

【水平一练习】

一、填空题

1. (1) $2\sin 15°\cos 15° =$ ______;

(2) $2\sin\frac{\pi}{12}\cos\frac{\pi}{12} =$ ______.

2. (1) $\cos^2 15° - \sin^2 15° =$ ______;

(2) $2\cos^2\frac{\pi}{12} - 1 =$ ______;

(3) $1 - 2\sin^2\frac{\pi}{12} =$ ______.

3. $\frac{2\tan 15°}{1-\tan^2 15°} =$ ______.

4. 已知 $\sin\alpha = \frac{4}{5}$,且 α 是第二象限角,则 $\cos\alpha =$ ______, $\sin 2\alpha =$ ______, $\cos 2\alpha =$ ______, $\tan\alpha =$ ______, $\tan 2\alpha =$ ______.

二、选择题

1. $2\sin 75°\cos 75° =$ (　　).

A. $\frac{\sqrt{6}}{2}$　　B. $\frac{\sqrt{3}}{2}$　　C. $\frac{1}{2}$　　D. $-\frac{1}{2}$

2. $1 - 2\sin^2 15° =$ (　　).

A. $-\frac{\sqrt{3}}{2}$　　B. $-\frac{1}{2}$　　C. $\frac{\sqrt{3}}{2}$　　D. $\frac{1}{2}$

3. $2\cos^2 22.5° - 1 =$ (　　).

A. $-\frac{1}{2}$　　B. $\frac{1}{2}$　　C. $-\frac{\sqrt{2}}{2}$　　D. $\frac{\sqrt{2}}{2}$

4. $\sin^2\alpha - \cos^2\alpha =$ (　　).

A. 1　　B. $\sin 2\alpha$　　C. $-\cos 2\alpha$　　D. $\cos 2\alpha$

5. 已知 $\tan\alpha = 3$,则 $\tan 2\alpha =$ (　　).

A. $\frac{3}{4}$　　B. 6　　C. $-\frac{1}{2}$　　D. $-\frac{3}{4}$

【水平二练习】

一、填空题

1. $\sqrt{3}\sin 15°\cos 15° =$ ______.

2. $\cos^2 15° =$ ______.

3. 已知 $\sin \alpha + \cos \alpha = \frac{1}{2}$,则 $\sin 2\alpha =$ ______.

4. $\frac{2\tan 75^\circ}{\tan^2 75^\circ - 1} =$ ______.

5. $\frac{\tan 22.5^\circ}{1 - \tan^2 22.5^\circ} =$ ______.

6. $\frac{1 - \tan^2 15^\circ}{2\tan 15^\circ} =$ ______.

二、解答题

1. 已知 $\cos \alpha = \frac{4}{5}$,$\alpha \in \left(0, \frac{\pi}{2}\right)$,求 $\sin 2\alpha$,$\cos 2\alpha$ 的值.

2. 已知 $\sin \alpha = \frac{3}{5}$,$\alpha$ 是第二象限角,求 $\tan 2\alpha$ 的值.

【综合练习】

1. 求证 $\frac{\sin(\alpha + \beta) + \sin(\alpha - \beta)}{\sin 2\alpha} = \frac{\cos \beta}{\cos \alpha}$.

2. 已知 $\sin\alpha=\frac{1}{2}$，求 $\sin\left(2\alpha+\frac{\pi}{4}\right)+\cos\left(2\alpha+\frac{\pi}{4}\right)$ 的值.

3. 已知 $\sin\alpha=2\cos\alpha$，α 为第一象限角，求 $\frac{1+\sin 2\alpha}{\cos 2\alpha}$ 的值.

【反思笔记】

（描述易错点、易混点、难点等）

2.3　和(差)角、二倍角公式的综合运用

【基本概念】

基本公式	表达式	变形式
和(差)角公式	$\sin(\alpha+\beta)=$________； $\sin(\alpha-\beta)=$________； $\cos(\alpha+\beta)=$________； $\cos(\alpha-\beta)=$________； $\tan(\alpha+\beta)=$________； $\tan(\alpha-\beta)=$________	________ $+\cos\alpha\sin\beta=\sin(\alpha+\beta)$； $\sin\alpha\cos\beta-$ ________ $=\sin(\alpha-\beta)$； $\tan\alpha-\tan\beta=$________

续表

基本公式	表达式	变形式
二倍角公式	$\sin 2\alpha=$ ________; $\cos 2\alpha=$ ________; $\cos 2\alpha=$ ________; $\cos 2\alpha=$ ________; $\tan 2\alpha=$ ________	$2\sin\alpha\cos\alpha=$ ________; $\cos^2\alpha=$ ________; $\sin^2\alpha=$ ________; $1-\tan^2\alpha=$ ________

【水平一练习】

一、填空题

1. $2\sin 67.5°\cos 67.5°=$ ____________.
2. $\sin 33°\cos 3°-\cos 33°\sin 3°=$ ____________.
3. $2\cos^2 22.5°-1=$ ____________.
4. 已知 $\tan\alpha=2$ 则 $\tan 2\alpha=$ ____________.
5. 已知 $\tan\alpha=2,\tan\beta=3$,则 $\tan(\alpha+\beta)=$ ____________,$\tan(\alpha-\beta)=$ ____________.
6. 已知 $\sin\alpha=\frac{4}{5}$,且 α 是第二象限角,已知 $\cos\beta=\frac{4}{5}$,且 β 是第一象限角,则 $\sin(\alpha+\beta)=$ ____________,$\sin(\alpha-\beta)=$ ____________.
7. 已知 $\sin\alpha=\frac{4}{5}$,且 α 是第二象限角,已知 $\cos\beta=\frac{4}{5}$,且 β 是第一象限角,则 $\cos(\alpha+\beta)=$ ____________,$\cos(\alpha-\beta)=$ ____________,$\tan(\alpha+\beta)=$ ____________.

二、选择题

1. $2\sin 22.5°\cos 22.5°=$ (　　).

A. $\sqrt{2}$　　B. $\frac{\sqrt{2}}{2}$　　C. 1　　D. $-\frac{\sqrt{2}}{2}$

2. $\sin 120°\cos 60°-\cos 120°\sin 60°=$ (　　).

A. $-\frac{\sqrt{3}}{2}$　　B. $-\frac{1}{2}$　　C. $\frac{\sqrt{3}}{2}$　　D. $\frac{1}{2}$

3. $\cos 120°\cos 60°-\sin 120°\sin 60°=$ (　　).

A. -1　　B. 1　　C. $-\frac{1}{2}$　　D. $-\frac{3}{4}$

4. 已知 $\sin^2\alpha=\frac{1}{4}$,则 $\cos 2\alpha=$ (　　).

A. $\frac{2}{3}$　　B. $\frac{1}{2}$　　C. $-\frac{2}{3}$　　D. $-\frac{1}{2}$

5. $\tan\alpha=2$, $\tan\beta=3$,则 $\tan(\alpha+\beta)=($　　$)$.

A. 5　　　　B. -5　　　　C. -1　　　　D. 1

【水平二练习】

一、填空题

1. $\frac{\sqrt{2}}{2}\sin 15^\circ-\frac{\sqrt{2}}{2}\cos 15^\circ=$____________.

2. $2\sin\frac{5\pi}{12}\cos\frac{5\pi}{12}=$____________.

3. 已知$\sin^4\alpha-\cos^4\alpha=\frac{1}{2}$,则 $\cos 2\alpha=$____________.

4. 已知 $\tan 2\alpha=-\frac{3}{4}$,$\alpha$ 是第一象限角,则 $\tan\alpha=$____________.

5. $\frac{8\sin 20^\circ\cos 20^\circ\cos 40^\circ\cos 80^\circ}{\sin 160^\circ}=$____________.

二、解答题

1. 在$\triangle ABC$ 中,已知 $\cos A=\frac{3}{5}$,$\cos B=\frac{5}{13}$,求 $\sin(A+B)$和 $\sin C$ 的值.

2. 已知 $\sin 2\alpha=\frac{1}{4}$,$\alpha\in\left(\frac{\pi}{4},\frac{\pi}{2}\right)$,求 $\sin\alpha-\cos\alpha$ 的值.

3. 化简$\frac{\cos^2\alpha-\sin^2\alpha}{2\sin\alpha\cos\alpha}\cdot\frac{2\tan\alpha}{1-\tan^2\alpha}$.

【综合练习】

1. 已知角 α 终边上一点 $P(-3,-4)$,求$\frac{2\sin\left(\frac{\pi}{2}-\alpha\right)\tan(-\alpha)}{1+\cos 2\alpha}\cdot\cos(\pi-\alpha)$的值.

*2. 已知 β 是第二象限角,且 $\cos\left(\beta-\frac{\pi}{4}\right)=\frac{12}{13}$,求 $\sin\beta$ 的值.(提示:$\beta=\left(\beta-\frac{\pi}{4}\right)+\frac{\pi}{4}$)

*3. 已知 $\sin 2\alpha=\frac{3}{4}$,$\alpha\in\left(0,\frac{\pi}{4}\right)$,求 $\sin\left(\alpha-\frac{\pi}{4}\right)$的值.

【反思笔记】

（描述易错点、易混点、难点等）

2.4　正弦型函数

2.4.1　正弦型函数的图像性质

【基本概念】

x	0	$\frac{\pi}{2}$	π	$\frac{3\pi}{2}$	2π
$y=\sin x$					

$x+\frac{\pi}{4}$	0	$\frac{\pi}{2}$	π	$\frac{3\pi}{2}$	2π
x					
$y=\sin\left(x+\frac{\pi}{4}\right)$					

正弦型函数	$y=A\sin(\omega x+\varphi)$
图像	当 $A=1,\omega=1,\varphi=0$ 时的函数图像 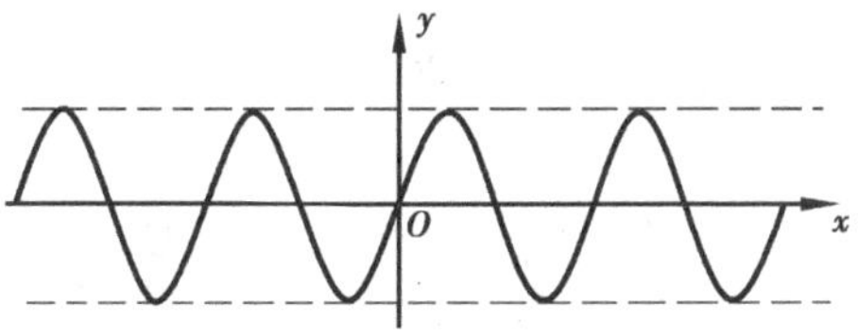

续表

<table>
<tr><td>正弦型函数</td><td colspan="2">$y=A\sin(\omega x+\varphi)$</td></tr>
<tr><td rowspan="2">性质</td><td>定义域:________;
值域:________;
最小正周期:________</td><td>振幅:________;
初相:________;
频率:________</td></tr>
<tr><td colspan="2">当________$\leqslant \omega x+\varphi \leqslant$________时,函数单调递增;
当________$\leqslant \omega x+\varphi \leqslant$________时,函数单调递减</td></tr>
<tr><td>函数化简</td><td colspan="2">形如 $y=a\sin\omega x+b\cos\omega x$ 的函数需要化为 $y=A\sin(\omega x+\varphi)$,
即 $y=a\sin\omega x+b\cos\omega x=\sqrt{a^2+b^2}\sin(\omega x+\varphi)$,其中 $\tan\varphi=\dfrac{b}{a}$,
函数的最大值为 $\sqrt{a^2+b^2}$,函数的最小值为 $-\sqrt{a^2+b^2}$</td></tr>
</table>

【水平一练习】

一、填空题

1. 函数 $f(x)=3\sin\left(2x-\dfrac{\pi}{4}\right)$ 中,振幅 $A=$________,角速度 $\omega=$________,初相 $\varphi=$________.

2. $y=\sin 2x$ 的最大值是________,最小值是________.

3. $y=3\sin 3x$ 的定义域是________,值域是________.

4. $f(x)=3\sin\left(2x+\dfrac{\pi}{4}\right)$ 的定义域是________,值域是________,最小正周期是________.

5. 函数 $y=\sin 4x$ 是________函数.(填“奇”或“偶”)

二、选择题

1. 若 $y=\sin x+1$ 的值域是( ).

A. $\mathbf{R}$ B. $[-1,1]$ C. $[0,2]$ D. $[-2,0]$

2. $y=\dfrac{\sqrt{3}}{2}\sin x+\dfrac{1}{2}\cos x$ 的最大值是( ).

A. 1 B. $\dfrac{\sqrt{3}+1}{2}$ C. $\dfrac{\sqrt{3}}{2}$ D. $-\dfrac{1}{2}$

3. 判断函数 $y=2\sin x$ 的奇偶性,它是( ).

A. 奇函数 B. 偶函数 C. 非奇非偶函数 D. 不确定

4. 函数 $y=\sin\dfrac{1}{2}x$ 的最小正周期为( ).

A. π　　B. $\frac{1}{2}$　　C. 2π　　D. 4π

5. 函数的图像如图所示,下列结论正确的是(　　).

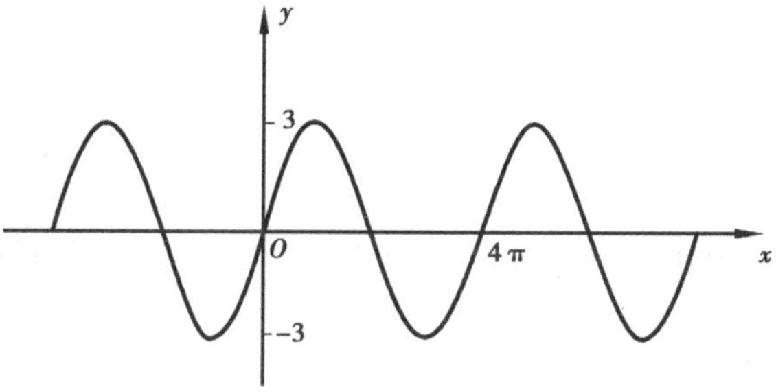

A. 函数的单调递增区间为$[-\frac{\pi}{2}+2k\pi,\frac{\pi}{2}+2k\pi](k\in\mathbf{Z})$

B. 最小正周期为 2π ,最大值为$[-3,3]$

C. 函数的单调递减区间为$[\frac{\pi}{2}+2k\pi,\frac{3\pi}{2}+2k\pi](k\in\mathbf{Z})$

D. 最小正周期为 4π,值域为$[-3,3]$

【水平二练习】

一、填空题

1. 函数 $f(x)=4-2\sin 3x$ 的最大值为________.

2. $f(x)=2\sin x\cos x$ 的最小正周期是________.

3. 函数 $y=\frac{2}{\sin x}$的定义域是________.

4. 函数 $y=\sin(\pi+2x)$是________函数.(填“奇”或“偶”)

5. 已知函数 $f(x)=2\sin\left(x+\frac{\pi}{4}\right),x\in(0,2\pi)$,当 $x+\frac{\pi}{4}=$________时,即 $x=$________时,函数取得最大值:________.

6. $f(x)=\frac{1}{2}\sin x+\frac{\sqrt{3}}{2}\cos x$ 化为正弦型函数为________________,其单调递增区间为________________,单调递减区间为________________.

二、解答题

1. 已知函数 $y=2\sin\left(x-\frac{\pi}{4}\right)$,利用五点法画出函数图像,并写出函数的最值.

2. 已知函数$f(x)=\sin 2x-\cos 2x$,求函数的最小正周期和最值.

3. 已知函数$f(x)=A\sin\left(\omega x-\frac{\pi}{3}\right)(A>0,\omega>0)$的最大值是3,最小正周期是$\pi$,求$A$,$\omega$的值及函数的单调递增区间.

【综合练习】

1. 已知函数$f(x)=\cos(2x+\varphi)\left(0<\varphi<\frac{\pi}{2}\right)$.

(1)求$f(x)$的最小正周期;

(2)若$\sin\varphi=\frac{3}{5}$,求$f\left(\frac{\pi}{6}\right)$的值.

2. 已知函数$f(x)=\cos\left(2x-\frac{\pi}{4}\right)-\frac{\sqrt{2}}{2}\cos 2x$. 求$f(x)$的最小正周期、最值以及单调递减区间.

3. 已知函数 $f(x)=\sin\left(x+\frac{\pi}{4}\right)-\cos\left(x+\frac{\pi}{4}\right)$，求 $f(x)$ 的最值以及最小正周期.

【反思笔记】

（描述易错点、易混点、难点等）

2.4.2　正弦型函数的简单应用

【基本概念】

函数	性质
$y=A\sin(\omega x+\varphi)$ 图像的变换	1. 将 $y=\sin x$ 的图像上的所有点向左($\varphi>0$)平移或向右($\varphi<0$)平移 $\lvert\varphi\rvert$ 个单位得到 $y=\sin(x+\varphi)$ 的图像. 2. 将 $y=\sin(x+\varphi)$ 的图像上的所有点的横坐标变为原来的 $\frac{1}{\omega}$($\omega>0$)倍得到 $y=\sin(\omega x+\varphi)$ 的图像. 3. 将 $y=\sin(x+\varphi)$ 的图像上的所有点的纵坐标变为原来的 A($A>0$)倍得到 $y=A\sin(\omega x+\varphi)$ 的图像
$y=\sin x$	定义域:__________; 值域:__________; 奇偶性:__________; 单调增区间:__________; 单调减区间:__________

续表

函数	性质
$y=\cos x$	定义域:__________; 值域:__________; 奇偶性:__________; 单调增区间:__________; 单调减区间:__________

【水平一练习】

一、填空题

1. 函数 $y=2\sin\left(2x-\frac{\pi}{4}\right)$中,振幅是________,角速度是________,初相是________.

2. 已知函数 $y=3\sin 2x$,当 $x=$________时,函数有最大值:________.

3. 函数 $y=-4\sin x$ 的定义域是________________,值域是________________.

4. $y=\frac{\sqrt{3}}{2}\sin x+\frac{1}{2}\cos x$ 化为正弦型函数为________.

5. 函数 $y=|\sin x|$在定义域范围内是________函数.(填“奇”或“偶”)

6. 将函数 $y=\sin x$ 的图像上的所有点向左平移$\frac{\pi}{3}$个单位得到________的图像,再将函数所有点的纵坐标变为原来的 2 倍得到________的图像.

二、选择题

1. 若 $y=A\sin\left(\omega x+\frac{\pi}{12}\right)$,$A>0$,$\omega>0$ 的最大值是 4,最小正周期为 2π,则 A,ω 的值分别是(　　).

A. 4,2　　B. -4,2　　C. 4,1　　D. -4,1

2. 已知 $\sin x=\frac{1}{2}$,$x\in\left[\frac{\pi}{2},\pi\right]$,则 x 的值为(　　).

A. $\frac{5\pi}{6}$　　B. $\frac{\pi}{3}$　　C. $\frac{\pi}{6}$　　D. $\frac{11\pi}{6}$

3. 要得到函数 $y=\sin\left(x-\frac{\pi}{6}\right)$的图像,只需要将函数 $y=\sin x$ 的图像(　　).

A. 向左平移$\frac{\pi}{6}$个单位　　B. 向右平移$\frac{\pi}{6}$个单位

C. 向上平移$\frac{\pi}{6}$个单位　　D. 向下平移$\frac{\pi}{6}$个单位

4. 函数 $y=\sin\dfrac{\pi}{2}x$ 的最小正周期为（　　）.

A. 4　　B. $\dfrac{1}{2}$　　C. 2π　　D. 4π

5. 判断函数 $y=1+\sin x$ 的奇偶性，它是（　　）.

A. 奇函数　　B. 偶函数　　C. 非奇非偶函数　　D. 不确定

【水平二练习】

一、填空题

1. $y=-\dfrac{\sqrt{3}}{2}\sin x-\dfrac{1}{2}\cos x$ 化为正弦型函数为____________.

2. 将函数 $y=\sin 2x$ 的图像向上平移 2 个单位得到____________.

3. 将函数 $y=\sin 2x$ 的图像向右平移$\dfrac{\pi}{6}$个单位得到____________.

4. 若 $\sin\left(x+\dfrac{\pi}{3}\right)=-\dfrac{1}{2}$，$x\in(0,\pi)$，则 $x=$____________.

5. 函数 $y=\dfrac{2}{\sin 2x-1}$的定义域是________________.

二、解答题

1. 已知函… $\ldots in(2\omega x+\varphi)(\omega>0)$ 的最小正周期为 2π，最大值为 3，初相为$\dfrac{\pi}{3}$，求函…最小值.

2. 已知函数 $f(x)=\sin x+\cos x$.

(1) 将函数 $f(x)$ 化为正弦型函数并求最小正周期；

(2) 求 $f(x)$ 的增区间.

3. 已知函数 $y=\sqrt{3}\ \sin\ \omega x+\cos\ \omega x(\omega>0)$ 的最小正周期是 π,求 ω 的值及函数 y 的最值.

【综合练习】

*1. 已知函数 $f(x)=2\sin^2 x+\sin 2x-1$.

(1)求 $f(x)$ 的最小正周期;

(2)求 x 为何值时,$f(x)$ 有最大值?最大值为多少?

*2. 已知函数 $f(x)=2\sqrt{3}\sin x\cos x+2\cos^2 x-1$.

(1)求 $f(x)$ 的最小正周期;

(2)若 $x\in[\frac{\pi}{3},\frac{5\pi}{6}]$,求 $f(x)$ 的最值.

*3. 求函数 $f(x)=\sin^2 x-\sin x+1$ 的最值.

【反思笔记】

（描述易错点、易混点、难点等）

2.5　解三角形

2.5.1　正弦定理、余弦定理和面积公式

【基本概念】

定理	表达式	变形式
边角关系	直角三角形中，a，b 为直角边，c 为斜边. 三边关系： $a^2+b^2=$________. 边角关系： $\sin A=\cos B=$________； $\cos A=\sin B=$________； $\tan A=$________； $\tan B=$________ 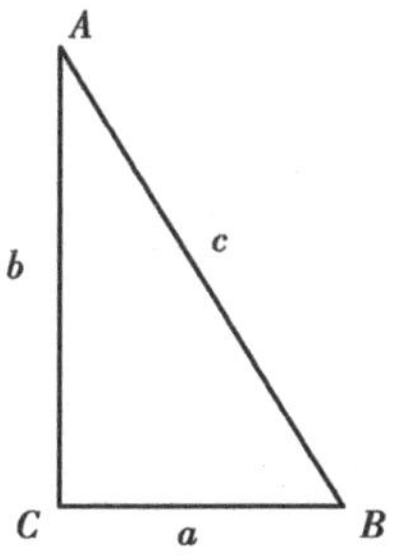	$c^2-b^2=$________； $c^2-a^2=$________
正弦定理	$\frac{a}{\sin A}=\frac{b}{\sin B}=$________	$\frac{b\sin A}{\sin B}=$________； $b=$________； $c=$________
余弦定理	$a^2=b^2+c^2-$________； $b^2=a^2+c^2-$________； $c^2=a^2+b^2-$________	$\cos A=$________； $\cos B=$________； $\cos C=$________
面积公式	$S_{\triangle ABC}=\frac{1}{2}ab\sin C=$________$=$________	

【水平一练习】

一、填空题

1. 已知$\triangle ABC$的三边长分别为$a=6$,$b=8$,$c=10$,则三角形为________三角形.

2. 在$\mathrm{Rt}\triangle ABC$中,角C为直角,角A,B,C所对的边分别为a,b,c,已知$c=4$,$\sin A=\frac{1}{2}$,则$a=$________.

3. 在$\triangle ABC$中,角A,B,C所对的边分别为a,b,c,已知$a=3$,$b=4$,$\sin A=\frac{1}{2}$,则$\sin B=$________.

4. 在$\triangle ABC$中,$A=45°$,$B=75°$,则$\sin C=$________.

5. 在$\triangle ABC$中,角A,B,C所对的边分别为a,b,c,已知$a=6\sqrt{3}$,$b=2\sqrt{3}$,$C=30°$,则三角形的面积为________.

6. 在$\triangle ABC$中,已知$a=4$,$b=6$,$c=2\sqrt{7}$,则$\cos C=$________.

二、选择题

1. 在$\triangle ABC$中,角A,B,C所对的边分别为a,b,c,已知$a=3$,$b=\sqrt{7}$,$c=2$,则$B=$(   ).

A. 45°　　B. 60°　　C. 90°　　D. 120°

2. 在$\triangle ABC$中,角A,B,C所对的边分别为a,b,c,已知$a=2\sqrt{3}$,$b=3\sqrt{2}$,$\sin A=\frac{\sqrt{3}}{3}$,则$\sin B=$(   ).

A. $\frac{\sqrt{2}}{2}$　　B. $\frac{1}{3}$　　C. $\frac{2\sqrt{2}}{3}$　　D. $\frac{\sqrt{6}}{3}$

3. 在$\triangle ABC$中,角A,B,C所对的边分别为a,b,c,B为锐角且满足$a=6$,$c=2\sqrt{2}$,$S_{\triangle ABC}=3\sqrt{6}$,则$B=$(   ).

A. 30°　　B. 60°　　C. 90°　　D. 120°

4. 在$\triangle ABC$中,角A,B,C所对的边分别为a,b,c,"$a^2+b^2=c^2$"是"$\triangle ABC$是直角三角形"的(   )条件.

A. 充分不必要　　B. 必要不充分　　C. 充要条件　　D. 既不充分也不必要

5. 在$\triangle ABC$中,角A,B,C所对的边分别为a,b,c,若$a^2+b^2<c^2$,则三角形一定是(   ).

A. 锐角三角形　　B. 等边三角形　　C. 直角三角形　　D. 钝角三角形

【水平二练习】

一、填空题

1. 在$\triangle ABC$中，角A,B,C满足$A:B:C=1:2:3$，则三角形一定是________三角形.
2. 在$\triangle ABC$中，$\sin A:\sin B:\sin C=1:2:3$，则$a:b:c=$________.
3. 在$\triangle ABC$中，角A,B,C所对的边分别为a,b,c，已知$B=60°,b=\sqrt{3},a=2$，则$S_{\triangle ABC}=$________.
4. 在$\triangle ABC$中，角A,B,C所对的边分别为a,b,c，已知边长分别为$4,5,\sqrt{61}$，则此三角形的最大内角是________.
5. 在$\triangle ABC$中，角A,B,C所对的边分别为a,b,c，已知$b=\sqrt{3},c=2,A=150°$，则$a=$________.
6. 在$\triangle ABC$中，角A,B,C所对的边分别为a,b,c，已知$A=30°,B=120°,a=3$，则$c=$________.

二、解答题

1. 在$\triangle ABC$中，角A,B,C所对的边分别为a,b,c，已知$a=12,b=14,c=10$.
   (1)试判断三角形的形状；
   (2)求三角形的面积.

2. 在$\triangle ABC$中，角A,B,C所对的边分别为a,b,c，已知$a=12,b=4\sqrt{3},A=120°$，求角C及三角形的面积.

3. 某城市有A,B两个相望的建筑相距 5 千米，从A建筑望C建筑和B建筑成$60°$的角，从B建筑望C建筑和A建筑成$75°$的角，如图所示，请你计算出B,C两建筑间的距离.

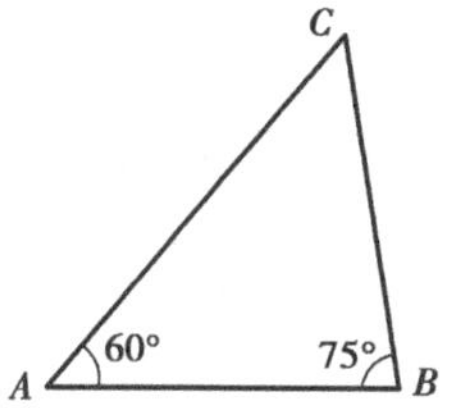

【综合练习】

1. 在$\triangle ABC$中,已知$a=4$,$b=3$,$\cos C$是方程$2x^2+3x-2=0$的一个根,求三角形的周长及面积.

2. 某景区有3处特色旅游景点A,B,C,它们的连线正好构成三角形(如图所示).景区入口D在B,C两地的连线上,已知A和C相距$2\sqrt{3}$千米,C和D相距2千米,A和D相距4千米,从B点望A,D所形成的夹角为$45°$,因A,B两地间地势险峻,旅游公司想在A,B间修一条索道,你能否帮助旅游公司算出所修索道AB的长度?

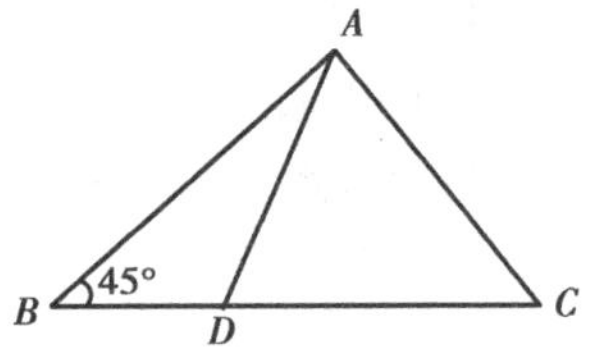

3. 在$\triangle ABC$中,已知$A=60°$,b和c为三角形两条边的长度且为方程$x^2-10x+17=0$的两根,求边a的长度及三角形的面积.

【反思笔记】

（描述易错点、易混点、难点等）

2.5.2　三角计算的应用

【基本概念】

函数	用法
正弦定理	已知两边及一条边所对应的角； 已知两角及任意一条边
余弦定理	涉及三条边和一个角
面积公式	涉及两条边及两条边所夹的角
三角形的边角关系	三角形的内角和为180°，长边对大角

【水平一练习】

一、填空题

1. 已知三角形的三边长分别为 $AB=12, AC=5, BC=13$，则 $A=$________.

2. 在$\triangle ABC$中，角 A,B,C 所对的边分别为 a,b,c，已知 $BC=1, AC=\sqrt{3}, AB=2$，则 $\cos C=$________.

3. 在$\triangle ABC$中，角 A,B,C 所对的边分别为 a,b,c，已知 $A=30°$，$B=30°, a=3$，则 $b=$________.

4. 在$\triangle ABC$中，如图所示，角 A,B,C 所对的边分别为 a,b,c，已知 $A=45°, B=75°$，则 $\cos C=$________.

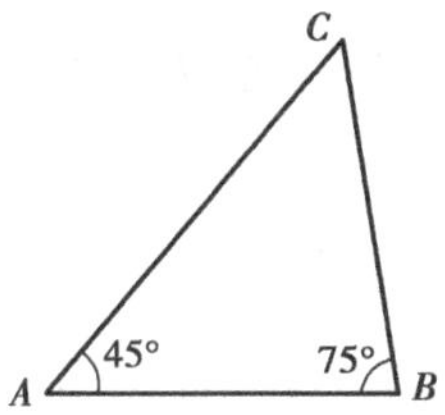

5. 在$\triangle ABC$中，角 A,B,C 所对的边分别为 a,b,c，且 $a=2, b=\sqrt{2}, c=\sqrt{5}$，则$\triangle ABC$是________三角形.

二、选择题

1. 下列正确表示余弦定理公式的是(　　).

A. $a^2=b^2+c^2+2bc\cos A$　　B. $b^2=a^2+c^2-2ac\cos B$

C. $\cos B=\dfrac{a^2+c^2+b^2}{2ac}$　　D. $\cos B=\dfrac{a^2+c^2+b^2}{2bc}$

2. 在$\triangle ABC$中,$c=\sqrt{3}$, $b=2$,$a=1$,则三角形的面积为(　　).

A. $\dfrac{\sqrt{3}}{2}$　　B. $\dfrac{\sqrt{3}}{4}$　　C. $\dfrac{1}{4}$　　D. $\dfrac{1}{2}$

3. 在$\triangle ABC$中,$BC=8$,$B=60°$,$C=75°$, 则$AC=$(　　).

A. $4\sqrt{2}$　　B. $4\sqrt{3}$　　C. $4\sqrt{6}$　　D. $2\sqrt{2}$

4. 在$\triangle ABC$中,$AB=\sqrt{3}$, $AC=1$,$A=30°$,则三角形的面积为(　　).

A. $\dfrac{\sqrt{3}}{2}$　　B. $\dfrac{\sqrt{3}}{4}$　　C. $\dfrac{1}{4}$　　D. $\dfrac{1}{2}$

5. 在$\triangle ABC$中,$A=45°$, $B=60°$,$BC=2$,则$AC=$(　　).

A. $\sqrt{6}$　　B. $\sqrt{2}$　　C. $\sqrt{3}$　　D. $2\sqrt{6}$

【水平二练习】

一、填空题

1. 在$\triangle ABC$中,已知$AB=\dfrac{4\sqrt{3}}{3}$, $AC=4$,$A=30°$,则$\cos B=$________.

2. 在$\triangle ABC$中,已知$a=\sqrt{3}b$,$A=60°$,则$B=$________.

3. 在$\triangle ABC$中,已知$b^2=ac$,$c=2a$,则$\cos B=$________.

4. 在$\triangle ABC$中,$\sin A:\sin B:\sin C=5:7:8$,则$B=$________.

5. 在$\triangle ABC$中,已知$BC=2$,$AC=2\sqrt{3}$,$A=30°$,则$B=$________.

二、解答题

1. 在$\triangle ABC$中,已知$A=60°$,$b=35$,$c=24$,求边长a及三角形的周长和面积.

2. 一艘船正在海上执行任务，以每小时 25 海里的速度由 A 向正北方 B 行驶，在 A 处观察目标点 C 在船的北偏东 45°，已知船从 A 出发经过 1 小时到达 B，在 B 处观察目标点 C 在船的北偏东 60°，如图所示，请你利用所学知识计算船以同样的速度从 B 航行到 C 需要多少时间？

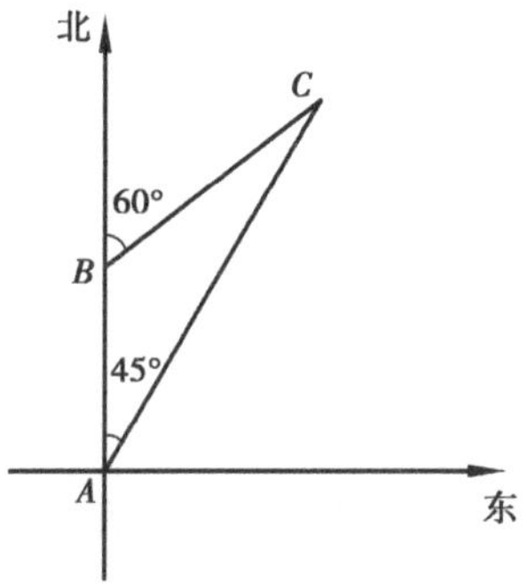

3. 某工程队在修建高速公路时，遇到一座大山，需要在山体内挖一条隧道如图所示，现需要计算隧道的长度以便于施工. 测量员在平地上取一点 A，在山体两端取 B，C 两点，测得它们与 A 的连线的夹角为60°，A 到 B 的距离为 300 米，A 到 C 的距离为 200 米，请你利用所学知识计算出所修隧道的长度.

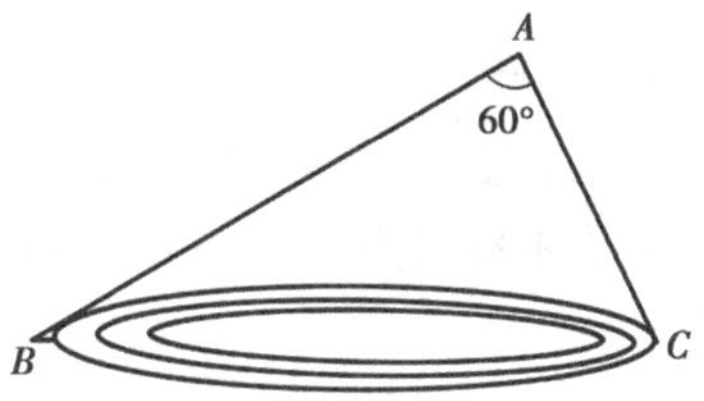

【综合练习】

1. 在△ABC 中，边 BC，AC 是方程 $x^2-4x+3=0$ 的两个根，且 $C=60°$，求 AB 的长度及三角形的面积.

2. 某工程队在修建公路时要将一段长度为 20 米倾斜角为$75°$度的斜坡 AD 填平缓便于车辆能通过,填装混凝土后斜坡的倾斜角变为$15°$,如图所示,则坡底 BD 延长了多少米?

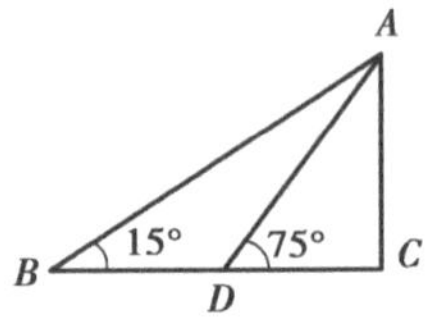

3. 已知锐角三角形$\triangle ABC$ 的面积为 $6\sqrt{3}$,$AB=4$,$AC=6$,求 A 的大小以及 BC 的长度.

【反思笔记】

(描述易错点、易混点、难点等)

自我评价 2

(满分 100 分,时间 45 分钟)　　评价结果:________

一、选择题(每题 6 分,共 36 分)

1. 若 $\sin\alpha=\dfrac{1}{3}$,$\cos 2\alpha=$(　　).

A. $-\dfrac{7}{9}$　　B. $\dfrac{7}{9}$　　C. $\dfrac{2}{3}$　　D. $-\dfrac{2}{3}$

2. $\cos 113°\cos 53°+\sin 113°\sin 53°=$(　　).

A. $-\dfrac{\sqrt{3}}{2}$　　B. $\dfrac{\sqrt{3}}{2}$　　C. $\dfrac{1}{2}$　　D. $-\dfrac{1}{2}$

3. $f(x)=2\cos^2x-1$ 的最小正周期是(　　).

A. 2π　　B. 2　　C. $\frac{\pi}{2}$　　D. π

4. $f(x)=3\sin\left(2x-\frac{\pi}{4}\right)$的振幅 A 和初相 φ 为(　　).

A. $3,\frac{\pi}{4}$　　B. $3,-\frac{\pi}{4}$　　C. $2,\frac{\pi}{4}$　　D. $2,-\frac{\pi}{4}$

5. 已知 $\tan\alpha=2,\tan\beta=1$,则 $\tan(\alpha+\beta)=$(　　).

A. 3　　B. -2　　C. 2　　D. -3

6. 已知$\triangle ABC$ 的三边长为 $AB=\sqrt{2},BC=2,AC=3$,则三角形为(　　).

A. 直角三角形　　B. 锐角三角形　　C. 钝角三角形　　D. 等边三角形

二、填空题(每题 6 分,共 24 分)

1. 函数$f(x)=2\sin\left(x+\frac{\pi}{4}\right)$的单调递减区间是________.

2. 要得到 $f(x)=2\sin\left(x-\frac{\pi}{5}\right)$的图像只需要把函数 $f(x)=2\sin x$ 的图像向右平移________个单位.

3. 当函数$f(x)=3\sin\left(x-\frac{\pi}{6}\right)$取得最大值时,$x=$________.

4. 在$\triangle ABC$ 中,$a=6,b=\sqrt{5},\sin C=\frac{1}{3}$,则三角形的面积为________.

三、解答题(第 1 小题 13 分,第 2 小题 13 分,第 3 小题 14 分,共 40 分)

1. 已知$f(x)=\frac{\sqrt{3}}{2}\sin x-\frac{1}{2}\cos x$,求函数的最小正周期及最值.

2. 在$\triangle ABC$ 中,已知 $B=\frac{\pi}{6},c=\sqrt{3},a=3$,求 b 的长度及 A,C 的大小.

3. 已知函数 $f(x)=A\sin\left(2\omega x-\frac{\pi}{3}\right)(A>0,\omega>0)$ 的最小值为 -3，最小正周期为 π.

(1)求 A,ω 的值;

(2)求函数 $f(x)$ 的单调递增区间.

第 3 单元　数列

3.1　数列的概念

【基本概念】

数列的定义	一般地,按一定次序排列的一列数称为数列,数列中的每一个数称为这个数列的项,右下标中的数为________,项数 $n\in$________.数列的一般形式可以写成 $a_1,a_2,a_3,\cdots,a_n(n\in\mathbf{N}^*)\cdots$,简记为数列$\{a_n\}$,其中第一项 a_1 为首项;a_n 是数列的第 n 项,也称为数列的通项
数列的分类	按数列中的项数分为: 有穷数列:数列中的项为________个,即项数有限; 无穷数列:数列中的项为________个,即项数无限
通项公式	如果数列$\{a_n\}$的第 n 项能用 n 的一个表达式来表示,那么这个表达式就称为这个数列的通项公式

【水平一练习】

一、填空题

1. 设数列$\{a_n\}$为 $-5,-3,-1,1,3,5,\cdots$,则 $a_3=$________,$a_5=$________.
2. 设数列$\{a_n\}$的通项公式为 $a_n=2n+5$,则 $a_4=$________,$a_7=$________.
3. 数列 3,4,5,6,…的通项公式为________,第 10 项是________.
4. 观察下面数列的特点,填空:

$$-1,\frac{1}{2},\_\_\_\_\_\_,\frac{1}{4},-\frac{1}{5},\frac{1}{6},\_\_\_\_\_\_,\cdots,a_n=\_\_\_\_\_\_.$$

5. 数列$\{a_n\}$的通项公式为 $a_n=n^3-1$,若 $a_k=26$,则 $k=$________.
6. 有数列 1,1,2,3,5,8,x,21,34,55,$x=$________.
7. 在下列说法中,正确的是________.

①数列 1,2,3,4,5 与数列 5,4,3,2,1 表示同一个数列.

②1,2,3,4,5,6 表示的是无穷数列.

③小于 12 的整数构成的数列是无穷数列.

④所有的数列都有通项公式.

⑤数列 6,6,6,6,…的一个通项公式是 $a_n=6$.

二、选择题

1. 设数列 $\{a_n\}$ 的通项公式为 $a_n=\frac{n+5}{2}$,则 $a_{11}=$(　　).

A. 4　　B. 6　　C. 8　　D. 9

2. 数列 $-3,3,-3,3,\cdots$ 的一个通项公式是(　　).

A. $a_n=3n$　　B. $a_n=(-1)^n\times3$　　C. $a_n=3$　　D. $a_n=(-1)^{n+1}\times3$

3. 已知数列 $\{a_n\}$ 的通项公式为 $a_n=25-2n$,则下列数中不属于 $\{a_n\}$ 的项是(　　).

A. 1　　B. -1　　C. 3　　D. -2

4. 已知数列 $\{a_n\}$ 的前 n 项和 $S_n=n^2+n$,则 $a_5=$(　　).

A. 10　　B. 12　　C. 14　　D. 16

5. 已知数列 $\frac{2}{3},\frac{3}{4},\frac{4}{5},\frac{5}{6},\cdots$,其中 0.9 是(　　).

A. 第 7 项　　B. 第 8 项　　C. 第 9 项　　D. 第 10 项

6. 已知数列 $\{a_n\}$ 的通项公式为 $a_n=(-1)^n(n^2-1)$,则 $a_6=$(　　).

A. 35　　B. -11　　C. -35　　D. 11

【水平二练习】

一、填空题

1. 12 是数列 $\{n^2-n\}$ 中的第________项.

2. 如果数列 $\{a_n\}$ 的通项公式是 $a_n=2^n$,那么 $a_1+a_2+a_3+a_4+a_5=$________.

3. 设数列 $\{a_n\}$ 的通项公式为 $a_n=(n+1)^2$, 则 $a_1\cdot a_4=$________.

4. 已知数列 $1,\sqrt{3},\sqrt{5},\sqrt{7},3,\cdots$,其中 $3\sqrt{3}$ 是第________项.

5. 已知数列 $\{a_n\}$ 的通项公式为 $a_n=n(n-2)$,则 $a_4+a_6=$________.

6. 已知数列 $\{a_n\}$ 满足 $a_{n+1}=\frac{1}{1-a_n}$,$a_1=2$,则 $a_3=$________.

二、解答题

1. 根据下列各数列的通项公式,写出数列的前 4 项:

(1) $a_n=3^n-2$;　　(2) $a_n=(-1)^{n+1}\cdot n$.

2. 根据下列各无穷数列的前 4 项，写出数列的一个通项公式：

(1) 9，7，5，3，…；

(2) $-\frac{1}{3},\frac{1}{6},-\frac{1}{9},\frac{1}{12},\cdots$；

(3) 3，8，15，24，…；

(4) $\frac{1}{2},\frac{3}{4},\frac{5}{6},\frac{7}{8},\cdots$.

3. 判断 10 和 20 是否为数列 $\{n^2-2n-4\}$ 中的项，如果是，请指出是第几项；如果不是，请说明理由.

【综合练习】

1. 已知 $\{a_n\}$ 满足 $a_1=3,a_{n+1}=2a_n+1$，试写出该数列的前 5 项，并用观察法写出这个数列的一个通项公式.

2. 已知数列 $\{a_n\}$ 的通项公式为 $a_n=n^2-6n+5$，则该数列中第几项最小？最小值为多少？

3. 在数列$\{a_n\}$中,已知$a_1=1,a_2=5,a_{n+2}=a_{n+1}-a_n$,求$a_5$的值.

【反思笔记】

(描述易错点、易混点、难点等)

3.2 等差数列

【基本概念】

等差数列的定义	一个数列从它的第二项起,每一项与它的前一项之差都是________常数,这样的数列称为等差数列. 这个常数称为公差,通常用________来表示. 定义表达式:$a_{n+1}-a_n=d$
等差数列的通项公式	$a_n=a_1+(n-1)d$
等差中项	a, A, b 成等差数列, A 称为 a 与 b 的等差中项,且 $A=$________
等差数列的前 n 项和公式	$S_n=\frac{n(a_1+a_n)}{2}$; $S_n=$________
等差数列的性质	当 $p+q=m+n$ 时,有 $a_p+a_q=a_m+a_n$

【水平一练习】

一、填空题

1. 已知数列$\{a_n\}$满足$a_n-a_{n-1}=2$，则数列$\{a_n\}$为________数列.

2. 已知等差数列1,4,7,10,…，则公差$d=$________，$a_1=$________，$a_n=$________，$a_8=$________，前10项和$S_{10}=$________.

3. 已知等差数列$\{a_n\}$满足$a_1=2$，$a_{11}=20$，则$S_{11}=$________.

4. 在等差数列$\{a_n\}$中，$a_5=0$，$a_{10}=10$，则$a_1=$________，公差$d=$________.

5. -2和18的等差中项为________.

6. 在等差数列$\{a_n\}$中，$a_6=30$，则$a_3+a_9=$________.

7. 已知等差数列$\{a_n\}$的通项公式$a_n=-2n+26$，则该数列从第________项开始为正数.

8. 在下列说法中，正确的是________.

①等差数列中可以含有等于0的项.

②数列$-2,2,-2,2,\cdots$是等差数列.

③等差数列中公差不可以为0.

④在等差数列中，若$a_6=9$，则$a_1+a_5=9$.

二、选择题

1. 下列不是等差数列的是(　　).

A. 3,3,3,3,…　　B. 1,4,7,10,…

C. $1,\frac{1}{2},\frac{1}{3},\frac{1}{4},\cdots$　　D. $4,1,-2,-5,\cdots$

2. 已知数列$\{a_n\}$的首项为1，以后各项由公式$a_n-a_{n-1}=2(n\geqslant 2)$给出，则这个数列的一个通项公式为(　　).

A. $a_n=3n-2$　　B. $a_n=2n-1$　　C. $a_n=n+2$　　D. $a_n=4n-3$

3. 已知等差数列$\{a_n\}$中，$a_1=2$，$d=1$，则$S_8=$(　　).

A. 44　　B. 40　　C. 35　　D. 28

4. 已知10是x和4的等差中项，则$x=$(　　).

A. 7　　B. 12　　C. 14　　D. 16

5. 已知等差数列$\{a_n\}$中，$a_4=-1$，$a_7=8$，则首项a_1与公差d分别为(　　).

A. $a_1=10,d=3$　　B. $a_1=-10,d=3$

C. $a_1=3,d=-10$　　D. $a_1=3,d=10$

6. x,y,z成等差数列，且$x+y+z=18$，则$y=$(　　).

A. 4　　B. 5　　C. 6　　D. 7

【水平二练习】

一、填空题

1. 在等差数列$\{a_n\}$中，$a_3=7$,$a_5=a_2+6$,则$a_6=$________.

2. 设等差数列$\{a_n\}$的前n项和为S_n,若$a_6=S_3=12$,则$a_n=$________.

3. 已知数列$\{a_n\}$的通项公式为$a_n=2n-3$,则$S_{10}=$________.

4. 已知公差为2的等差数列$\{a_n\}$满足$a_1+a_4=0$,则$a_7=$________.

5. $\log_6 4$和$\log_6 9$的等差中项为________.

6. 在等差数列$\{a_n\}$中,若$a_4+a_5+a_6=21$,则$a_2+a_8=$________.

二、解答题

1. 已知等差数列$\{a_n\}$满足$a_3=-1$,$a_6=-7$,求a_{10}和S_{12}.

2. 在等差数列$\{a_n\}$中,$a_{10}=10$,其前10项和$S_{10}=70$,求公差d.

3. 在等差数列$\{a_n\}$中,已知$a_4=9$,$a_9=-6$,$S_n=63$,求n的值.

【综合练习】

1. 设等差数列$\{a_n\}$的前 n 项和为 S_n,若 $a_5=3a_3$,求$\frac{S_9}{S_5}$的值.

2. 已知由 3 个数组成的等差数列,3 个数之和为 9,3 个数之积为 15,求这 3 个数.

【反思笔记】

(描述易错点、易混点、难点等)

3.3 等比数列

【基本概念】

等比数列的定义	如果一个数列从第二项起,每一项与它的前一项之________都为同一个不为 0 的________,那么这个数列就称为等比数列. 这个常数称为公比,通常用 q 来表示. 定义表达式:即$\frac{a_{n+1}}{a_n}=q(q\neq0)$
等比数列的通项公式	$a_n=$________
等比中项	若 a,G,b 成等比数列, 那么 G 称为 a 与 b 的等比中项,有 $G^2=ab$,则 $G=$________
等比数列的前 n 项和公式	$S_n=\begin{cases}na_1(q=1)\\ \frac{a_1(1-q^n)}{1-q}=\frac{a_1-a_nq}{1-q}(q\neq1)\end{cases}$
等比数列的性质	当 $p+q=m+n$ 时,有 $a_pa_q=a_ma_n$

【水平一练习】

一、填空题

1. 等比数列 1, −3, 9, −27, … 的通项公式 $a_n=$________,前 5 项和 $S_5=$________.
2. 在等比数列$\{a_n\}$中,已知 $a_1=3,q=-2$,则 $a_6=$________,$S_5=$________.
3. 在等比数列$\{a_n\}$中,已知 $a_2=10,a_3=20$,则 $q=$________,$a_1=$________,$a_4=$________,$S_4=$________.
4. 在等比数列$\{a_n\}$中,若 $a_3\cdot a_7=100$,则 $a_5=$________.
5. 在等比数列$\{a_n\}$中,已知 $a_1=\frac{1}{2},a_4=-4$,则公比 $q=$________.
6. 常数列$\{a_n\}$的通项公式为 $a_n=6$,则 $S_8=$________.
7. 在等比数列$\{a_n\}$中,已知 $a_1=1,a_3=4$,则 $a_5=$________.
8. 下列说法中,正确的是________.

   ①等比数列中可以含有等于 0 的项.

   ②一个等比数列中的各项,要么都是正数,要么都是负数.

   ③公比为 1 的数列是常数列.

   ④等比数列中公比不能为 0.

二、选择题

1. 下列不是等比数列的是(　　).

A. 0,0,0,0,⋯　　B. $-1,-4,-16,-64,\cdots$

C. 1,1,1,1,⋯　　D. $-2,4,-8,16,\cdots$

2. 已知数列$\{a_n\}$的通项公式为$a_n=2^n$,则数列$\{a_n\}$为(　　).

A. 公差为 2 的等差数列　　B. 公比为 2 的等比数列

C. 既不是等差数列也不是等比数列　　D. 常数列

3. 在等比数列$\{a_n\}$中,$a_1=2$,$a_2+a_3=24$,则公比$q=$(　　).

A. -4 或 3　　B. -4 或 -3　　C. 4 或 -3　　D. 4 或 3

4. 已知某等比数列的前 3 项为 $-1,3,-9$,则它的第 4 项为(　　).

A. -12　　B. 27　　C. -27　　D. 12

5. 在等比数列$\{b_n\}$中,$b_1=-2$,$q=\frac{1}{2}$,$b_n=-\frac{1}{16}$,则$n=$(　　).

A. 4　　B. 5　　C. 6　　D. 7

6. 在等比数列$\{a_n\}$中,$S_3=7$,$q=2$,则$a_1=$(　　).

A. 1　　B. 2　　C. 3　　D. 4

7. 在等比数列$\{a_n\}$中,$a_2=2$,$a_5=54$,则公比$q=$(　).

A. 2　　B. 3　　C. 9　　D. 27

【水平二练习】

一、填空题

1. 在等比数列$\{a_n\}$中,已知$a_1=6$,$q=-2$,$S_n=-126$,则$n=$________.

2. 已知b是a与c的等比中项,且$a\cdot b\cdot c=27$,则$b=$________.

3. 在等比数列$\{a_n\}$中,$a_1+a_2=20$,$a_3+a_4=40$,则$a_5+a_6=$________.

4. 在等比数列$\{a_n\}$中,$8a_2+a_5=0$,公比$q=$________.

5. 已知a为实数,$a,2a,4$成等比数列,则$a=$________.

6. 在等比数列$\{a_n\}$中,a_1,a_9是方程$2x^2-7x+8=0$的两个根,则$a_4\cdot a_6=$________.

二、解答题

1. 在 -3 和 -48 之间插入 3 个数,使这 5 个数成等比数列,求插入的这 3 个数.

2. 在等比数列$\{b_n\}$中,若$b_3=3$,$b_6=24$,求b_{10}和S_5.

3. 已知数列$\{a_n\}$为等比数列,若$q=\frac{1}{2}$,$S_5=\frac{31}{8}$,求a_1和a_6.

【综合练习】

1. 已知数列$\{a_n\}$是等比数列,若$a_1=\frac{1}{13}$,$S_3=1$,求a_2.

2. 已知数列$\{a_n\}$为各项均为正数的等比数列,且$a_1a_9=64$,$a_3+a_7=34$,求q.

3. 在等差数列$\{a_n\}$中，$a_4=10$ 且 a_3,a_6,a_{10}成等比数列，求数列$\{a_n\}$前 20 项和 S_{20}.

【反思笔记】

（描述易错点、易混点、难点等）

3.4　数列的实际应用举例

【基本概念】

计算利息的两种方法	单利：仅在原有本金上计算利息，对本金所产生的利息不再计算利息
	复利：就是复合利息，将期满的利息计入本金内，将本息之和作为"新本金"，在下一个存款周期内再次计息
用数列知识解决实际问题的步骤	①认真审题，将文字语言转化为数学符号语言，确定数列类型； ②寻求已知量，确定所求量； ③利用公式列等式并解答； ④检验并作答

【水平一练习】

一、填空题

1. 数列 $x,2,y$ 既是等差数列也是等比数列,则 $\frac{x}{y}=$________.

2. 某市举行数学竞赛,比赛前规定,前 15 名可以获奖,比赛结果为第一名 1 人,第二名并列 2 人,第三名并列 3 人,…,第十五名并列 15 人,则得奖的一共有________人.

3. 某服装专卖店今年 5 月推出一款新服装,上市第 1 天售出 20 件,以后每天售出的件数都比前一天多 5 件,则上市的第 7 天售出这款服装的件数是________.

4. 某人到银行存了 10 000 元,利息按单利计算,年利率为 5%,则他在 10 年后的本利和为________元.

5.《算法统宗》是中国古代数学名著,在这部著作中,许多数学问题都是以歌诀形式呈现的,如"九儿问甲歌"就是其中一首:一个公公九个儿,若问生年总不知,自长排来差三岁,共年二百又零七,借问长儿多少岁,各儿岁数要详推.在这个问题中,这位老公公长儿的年龄为________.

6.《孙子算经》是我国古代的数学名著,书中有如下问题:"今有五等诸侯,共分橘子六十颗,人别加三颗.问:五人各得几何?"其意思为:有 5 个人分 60 个橘子,他们分得的橘子数成公差为 3 的等差数列,问 5 人各得多少个橘子.在这个问题中,得到橘子最多的人所得的橘子个数是________.

二、选择题

1. 若 a,b,c 成等比数列,则关于 x 的方程 $ax^2+bx+c=0$,下列说法正确的是(　　).

A. 必有两个不相等实根　　B. 必有两个相等实根

C. 必无实根　　D. 以上 3 种情况均有可能

2. 数列 $\{a_n\}$ 为等差数列,a_3 和 a_{14} 是方程 $x^2-2x-3=0$ 的两个实根,则前 16 项和 $S_{16}=$(　　).

A. 8　　B. 12　　C. 16　　D. 20

3. 在培养细菌的过程中,某细菌每 20 分钟分裂一次,每个细菌每次分裂后都变成两个,经过 3 小时,一个这种细菌将繁殖成(　　).

A. 128 个　　B. 512 个　　C. 256 个　　D. 1 024 个

4. 某剧场共有 18 排座位,第一排有 16 个座位,往后每排都比前一排多 2 个座位,那么该剧场的座位总数为(　　).

A. 594　　B. 549　　C. 528　　D. 495

5. 有首诗中写"火树银花楼七层,层层红灯倍加增,共有红灯三八一",则第一层有红灯(　　)盏.

A. 2　　B. 3　　C. 4　　D. 5

6. 某个蜂巢里有一只蜜蜂,第一天它飞出去带回了 5 个伙伴,第二天 6 只蜜蜂飞出去各自带回 5 个伙伴,如果这个过程继续下去,那么第六天所有的蜜蜂归巢后,蜂巢中蜜蜂的总数量是(　　).

A. 5^6　　B. 5^5　　C. 6^6　　D. 6^5

【水平二练习】

一、填空题

1. 小李读一本书,第一天读了 30 页,从第二天起,每天读的页数都比前一天多 4 页,最后一天读了 70 页,刚好读完. 那么,这本书一共有________页.

2. 某建筑专业学生设计了一个仿古建筑,屋顶的两个斜面呈等腰梯形,如果最上面一层铺 40 块瓦,往下每一层多铺两块瓦,每个斜面上铺 30 层,屋顶的这两个斜面共需铺________块瓦.

3. 已知数列 $-1, a_1, a_2, -4$ 成等差数列, $-1, b_1, b_2, b_3, -4$ 成等比数列,则 $\frac{a_2 - a_1}{b_2} =$________.

4. 数列 $\{a_n\}$ 为等比数列,关于 x 的方程 $a_1x^2 - a_3x + a_2 = 0$ 有两个相等的实根,则 $\frac{S_9}{S_3} =$________.

5. 在各项为正数的等比数列 $\{a_n\}$ 中,若 $a_1 \cdot a_4 = \frac{1}{3}$,则 $\log_3 a_2 + \log_3 a_3 =$________.

6. 已知 a, b, c, d 成等比数列,且抛物线 $y = x^2 - 2x + 3$ 的顶点坐标是 (b, c),则 $a \cdot d =$________.

二、解答题

1. 有 4 个数,其中前 3 个数成等差数列,后 3 个数成等比数列,且第 1 个数与第 4 个数的和是 16,第 2 个数与第 3 个数的和是 12,求这 4 个数.

2. 用分期付款的方式购买家用电器一件,价格为 1 150 元. 购买当天先付 150 元,以后每月这一天都交付 50 元,并加付欠款的利息,月利率为 1%. 若交付 150 元以后的第一个月作为分期付款的首月,问分期付款的第 10 个月该交付多少钱? 全部货款付清后,买这件家电实际花了多少钱?

【综合练习】

1. 某家庭为了准备孩子上大学的经费,每年 1 月 1 日都在银行存入 2 000 元,连续存 5 年,有如下 2 种存款方式:如果按 5 年期零存整取计,即按单利计息,年利率 6.5%;如果按每年转存计,即按复利计息,年利率为 5.7%. 问采用哪种存款方式 5 年后到期的全部本息较高?

2. 已知等比数列 $\{a_n\}$ 中, $a_3=4$, $a_2\cdot a_7=128$.

(1) 求通项公式 a_n;

(2) 设 $b_n=\log_2 a_n$, 求 $\{b_n\}$ 的前 10 项和 S_{10}.

【反思笔记】

（描述易错点、易混点、难点等）

自我评价 3

（满分 100 分，时间 45 分钟）　　评价结果：________

一、选择题（每题 6 分，共 36 分）

1. 常数列 3，3，3，3，…是（　　）.

A. 公差为 0 的等差数列，但不是等比数列

B. 公比为 1 的等比数列，但不是等差数列

C. 既是公差为 0 的等差数列，也是公比为 1 的等比数列

D. 以上都不对

2. 已知 -2，x，-8 成等比数列，则 $x=$（　　）.

A. 4　　B. -4 或 4　　C. -4　　D. 8

3. 以下 4 个数中，属于数列 $\{n(n+1)\}$ 中的项是（　　）.

A. 32　　B. 17　　C. 39　　D. 110

4. 已知等差数列 1，5，9，…，则前 10 项和是（　　）.

A. 170　　B. 180　　C. 190　　D. 200

5. 已知等比数列 $\{a_n\}$ 中，$a_1=2$，$q=-3$，则 $a_3=$（　　）.

A. 18　　B. 54　　C. -18　　D. -54

6. 在等比数列 $\{a_n\}$ 中，$a_2=9$，$a_5=243$，则 $\{a_n\}$ 的前 4 项和为（　　）.

A. 81　　B. 120　　C. 168　　D. 192

二、填空题（每题 6 分，共 24 分）

1. 已知等差数列 $\{a_n\}$ 的首项是 1，公差为 3，则第 5 项是________.

2. 已知等比数列 $\{a_n\}$ 中，$a_1=8$，$q=\frac{1}{2}$，则 $S_5=$________.

3. 一名长跑运动员进行常规训练，他计划第一天跑 1 000 米，第二天跑 1 200 米，以后每天都比前一天多跑 200 米，则该运动员第 10 天按计划要跑________米.

4. 已知等差数列$\{a_n\}$的公差为2,若a_1,a_3,a_4成等比数列,则$a_2=$________.

三、解答题(第1小题13分,第2小题13分,第3小题14分,共40分)

1. 已知等差数列$\{a_n\}$中,$a_1=6,d=-2,S_n=-8$,求a_5和n的值.

2. 已知等比数列$\{a_n\}$中,$a_2=6,a_5=48$,求通项公式a_n和S_4.

3. 已知数列$\{a_n\}$满足$a_{n+1}=a_n-4,a_1=50$.

(1)求数列$\{a_n\}$的通项公式a_n;

(2)当n为何值时,S_n取最大值?

第 4 单元　平面向量

4.1　平面向量的概念

【基本概念】

名称	概念
向量	既有________,又有________的量称为向量; 向量$\vec{a}$的大小称为向量的________,记作________
零向量	模为________的向量称为零向量,记作$\vec{0}$;其方向是________
单位向量	模为________的向量称为单位向量
平行向量	方向________或________的非零向量;零向量与任一向量________
共线向量	________的非零向量又称为共线向量
相等向量	模________且方向________的向量
相反向量	模________且方向________的向量;向量$\vec{a}$的相反向量记作________; 零向量的相反向量是________

【水平一练习】

一、填空题

1. 如果两个非零向量共线,则它们的方向________.

2. 已知$\vec{a}$是单位向量,则$|\vec{a}|=$________.

3. 模为零的向量称为________.

4. 如果两个向量$\vec{a}$,$\vec{b}$满足$\vec{a}=\vec{b}$,那么向量$\vec{a}$与$\vec{b}$方向________,大小________.

5. 如图所示,在菱形 $ABCD$ 中,与向量$\overrightarrow{AB}$相等的向量有________,与向量$\overrightarrow{AB}$相反的向量有________.(填序号)

①$\overrightarrow{AD}$　②$\overrightarrow{BC}$　③$\overrightarrow{DC}$　④$\overrightarrow{CD}$　⑤$\overrightarrow{BA}$

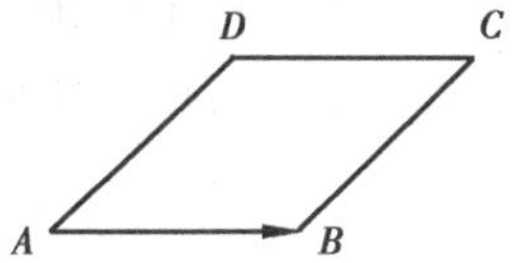

二、选择题

1. 下列各量中是向量的是(　　).

A. 质量　　B. 路程　　C. 速度　　D. 温度

2. 下列说法正确的是(　　).

A. 单位向量都相等　　B. 零向量没有方向

C. 共线向量方向相同　　D. 相等向量模相等

3. 如图所示,点 C、D、E 将线段 AB 四等分,则下列向量与向量$\overrightarrow{AD}$相等的向量是(　　).

A. $\overrightarrow{CE}$　　B. $\overrightarrow{DA}$

C. $\overrightarrow{BD}$　　D. $\overrightarrow{AE}$

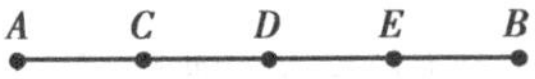

题 3 图

4. 如图所示,在梯形 $ABCD$ 中,与向量$\overrightarrow{CD}$共线的非零向量的个数为(　　).

A. 0　　B. 1

C. 2　　D. 3

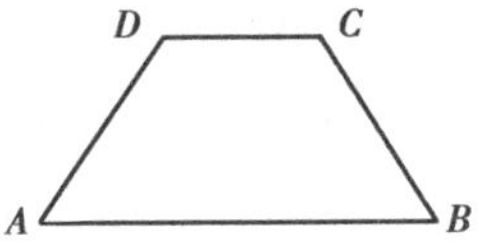

题 4 图

5. 如图所示,在正六边形 $ABCDEF$ 中,点 O 为 AD、BE、CF 的交点,则下列说法中错误的是(　　).

A. $\overrightarrow{OA}$与$\overrightarrow{OB}$是相等向量　　B. $\overrightarrow{CD}$与$\overrightarrow{BE}$是共线向量

C. $\overrightarrow{OF}$与$\overrightarrow{OC}$是相反向量　　D. $\overrightarrow{BE}$与$\overrightarrow{OB}$是平行向量

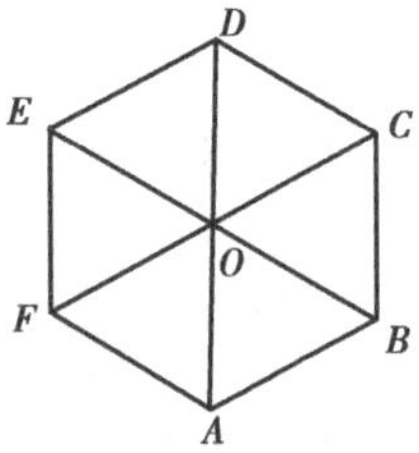

题 5 图

【水平二练习】

一、填空题

1. 如果向量$\vec{a}$与$\vec{b}$为相反向量,则$|\vec{a}|$________$|\vec{b}|$.

2. 若 $ABCD$ 是边长为 1 的正方形,那么$|\overrightarrow{AC}|=$________.

3. 已知两个非零向量$\vec{a}$与$\vec{b}$,“$|\vec{a}|=|\vec{b}|$”是“$\vec{a}=\vec{b}$”的________条件.

4. 下列说法正确的有________.

①向量$\vec{a}$与$\vec{b}$平行,则$\vec{a}$与$\vec{b}$的方向相同或相反.

②向量$\overrightarrow{MN}$与$\overrightarrow{NM}$的模相等.

③向量的模都是正实数.

④零向量平行于任一向量.

二、解答题

1. 如图所示,图中小方格的边长为 1 个单位长度.

(1)写出图中的单位向量;

(2)写出图中的共线向量;

(3)以点 A 为起点作出与向量$\overrightarrow{EF}$相等的向量和相反向量.

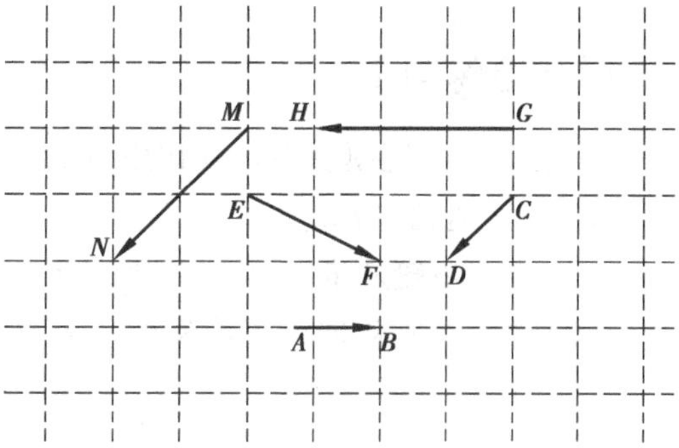

2. 在等边$\triangle ABC$中，D,E,F分别是边AB,BC,CA的中点.

(1)写出$\overrightarrow{DE}$的相等向量;

(2)写出$\overrightarrow{DE}$的非零共线向量.

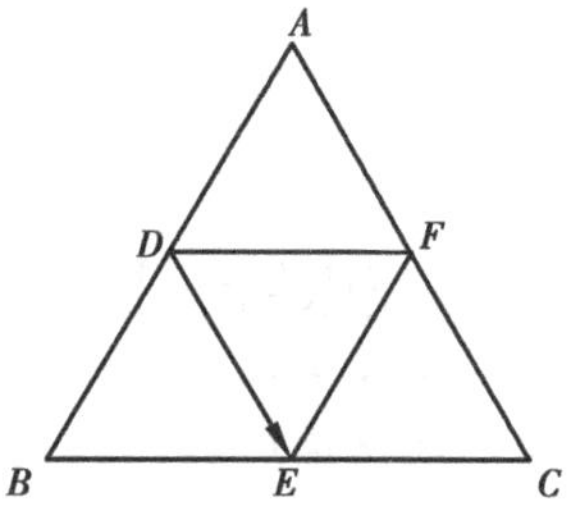

【综合练习】

一艘海上巡逻艇从港口 A 出发,向正北方向航行 $10\sqrt{3}$ 海里到达 C 岛,再向正东方向航行 10 海里达到 B 岛.

(1)求巡逻艇从港口 A 出发到达 B 岛的路程;

(2)求巡逻艇从港口 A 出发到达 B 岛的位移.

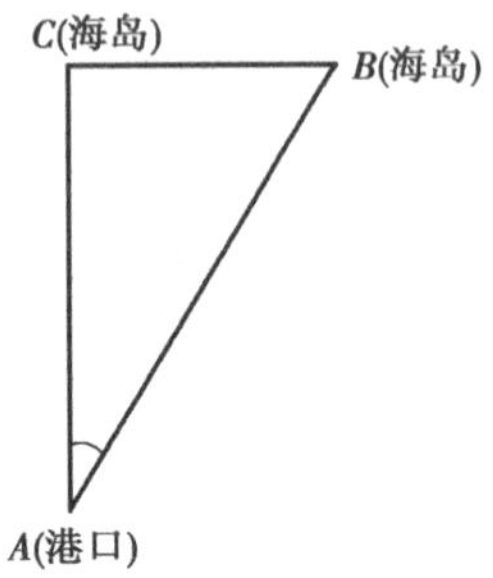

【反思笔记】

(描述易错点、易混点、难点等)

4.2　平面向量的线性运算

【基本概念】

向量的线性运算	法则	运算律
加法： 求两个向量和的运算	三角形法则： 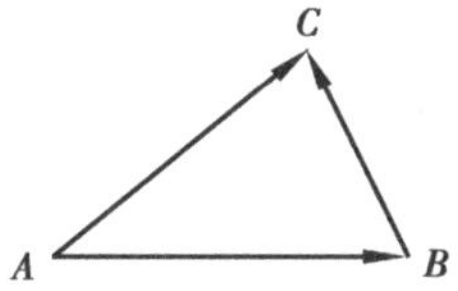 $\overrightarrow{AB}+\overrightarrow{BC}=$________. 平行四边形法则： 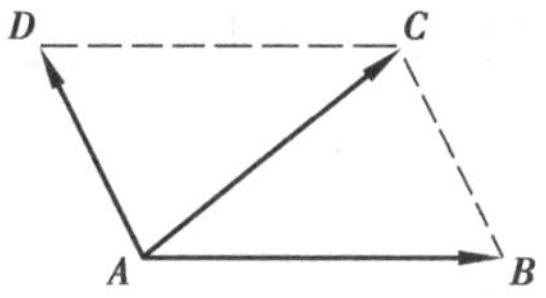 $\overrightarrow{AB}+\overrightarrow{AD}=$________	①交换律： $\vec{a}+\vec{b}=$________； ②结合律： $(\vec{a}+\vec{b})+\vec{c}=$________； (3)$\vec{a}+\vec{0}=$________
减法： 求两个向量差的运算	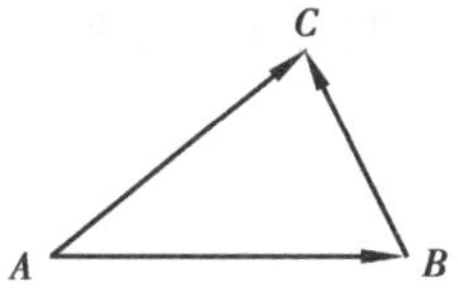 $\overrightarrow{AC}-\overrightarrow{BC}=$________； $\overrightarrow{AC}-\overrightarrow{AB}=$________	①$\vec{a}-\vec{b}=\vec{a}+$________； ②$\vec{a}+(-\vec{a})=$________
数乘： 求实数 λ 与向量 $\vec{a}$ 的积，记作 $\lambda\vec{a}$	①$\|\lambda\vec{a}\|=$________. ②当 $\lambda>0$ 时，$\lambda\vec{a}$ 的方向与 $\vec{a}$ 的方向________；当 $\lambda<0$ 时，$\lambda\vec{a}$ 的方向与 $\vec{a}$ 的方向________；当 $\lambda=0$ 时，$\lambda\vec{a}=0\cdot\vec{a}=$________，方向________. ③当 $\vec{a}=\vec{0}$ 时，$\lambda\vec{a}=\lambda\cdot\vec{0}=$________，方向________. ④非零向量 $\vec{a}$ 与 $\vec{b}$ 共线，当且仅当存在唯一的实数 λ，使得 $\vec{b}=$________.	①$\lambda(\mu\vec{a})=$________； ②$(\lambda+\mu)\vec{a}=$________； ③$\lambda(\vec{a}+\vec{b})=$________

【水平一练习】

一、填空题

1. 在$\triangle OMN$中,$\overrightarrow{MN}+\overrightarrow{NO}=$________.

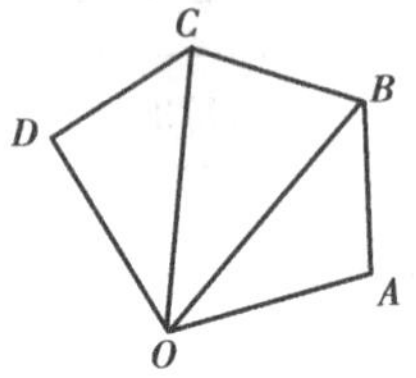

2. 如图所示,在五边形$OABCD$中,因为$\overrightarrow{OA}+\overrightarrow{AB}=$________,$\overrightarrow{OB}+\overrightarrow{BC}=$________,$\overrightarrow{OC}+\overrightarrow{CD}=$________,所以$\overrightarrow{OA}+\overrightarrow{AB}+\overrightarrow{BC}+\overrightarrow{CD}=$________.

3. 在平行四边形$ABCD$中,设$\overrightarrow{AB}=\vec{a}$,$\overrightarrow{AD}=\vec{b}$,那么$\vec{a}+\vec{b}=$________,$\vec{a}-\vec{b}=$________.

4. 已知$\vec{a}$为单位向量,且$\vec{b}=3\vec{a}$,那么$\vec{b}$与$\vec{a}$的方向________,$|\vec{b}|=$________.

5. 化简:$3(\vec{a}-\vec{b})+\vec{b}-2\vec{a}=$________.

6. 已知$\vec{a}$与$\vec{b}$方向相反,$\vec{b}$的模是$\vec{a}$的模的一半,则$\vec{a}=$________$\vec{b}$.

二、选择题

1. 设$\overrightarrow{AB}=\vec{a}$,$\overrightarrow{AC}=\vec{b}$,则$\overrightarrow{BC}=$(　　).

A. $\vec{a}-\vec{b}$　B. $\vec{a}+\vec{b}$　C. $-\vec{a}-\vec{b}$　D. $-\vec{a}+\vec{b}$

2. 在$\triangle ABC$中,$|\overrightarrow{AB}|=|\overrightarrow{BC}|=|\overrightarrow{AB}+\overrightarrow{BC}|$,那么$\triangle ABC$是(　　).

A. 等腰三角形　B. 等边三角形　C. 等腰直角三角形　D. 无法确定

3. $\overrightarrow{MN}-\overrightarrow{ON}+\overrightarrow{OM}=$(　　).

A. $\overrightarrow{OM}$　B. $\overrightarrow{MO}$　C. $2\overrightarrow{OM}$　D. $\vec{0}$

4. 已知点E是线段AB的中点,下列关系正确的是(　　).

A. $\overrightarrow{AE}=\overrightarrow{BE}$　B. $\overrightarrow{AB}=2\overrightarrow{BE}$　C. $\overrightarrow{EB}=-\frac{1}{2}\overrightarrow{BA}$　D. $\overrightarrow{EA}=-\frac{1}{2}\overrightarrow{BA}$

5. 如图所示,线段AB上有一点M,且$AM=2BM$,则下列说法正确的是(　　).

A. $\overrightarrow{AM}=2\overrightarrow{BM}$　B. $\overrightarrow{AB}=3\overrightarrow{BM}$

C. $\overrightarrow{AB}$与$\overrightarrow{MA}$方向相同　D. $\overrightarrow{AM}$与$\overrightarrow{MB}$方向相同

6. $-2(\vec{a}-2\vec{b})+3(\vec{a}-\vec{b})=$(　　).

A. $-\vec{a}+\vec{b}$　B. $-\vec{a}-\vec{b}$　C. $\vec{a}+\vec{b}$　D. $\vec{a}-\vec{b}$

【水平二练习】

一、填空题

1. 在平行四边形 $ABCD$ 中,$\overrightarrow{AD}+\overrightarrow{AB}-\overrightarrow{DC}=$________.

2. 若$\vec{b}$是$\vec{a}$的相反向量,则$\vec{a}+\vec{b}=$________.

3. 已知$\triangle ABC$ 是边长为 2 的正三角形,那么$|\overrightarrow{AB}+\overrightarrow{BC}|=$________.

4. 已知 A,B,C 三点满足$\overrightarrow{AB}=3\overrightarrow{BC}$,若$\overrightarrow{BC}=\lambda\overrightarrow{AC}$,则 $\lambda=$________.

5. 在四边形 $ABCD$ 中,若$\overrightarrow{AB}=\overrightarrow{DC}$,那么四边形 $ABCO$ 的形状是________.

6. 已知$\vec{a}=3\vec{i}+2\vec{j}$,$\vec{b}=m\vec{i}-4\vec{j}$($\vec{i}$,$\vec{j}$不共线),若$\vec{a}$与$\vec{b}$是共线向量,则 $m=$________.

二、解答题

1. 如图所示,已知向量$\vec{a}$,$\vec{b}$,画出向量$\vec{a}+\vec{b}$,$\vec{a}-\vec{b}$.

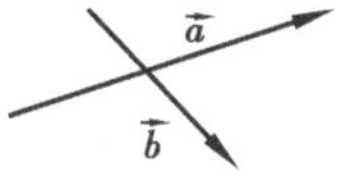

2. (1)化简:$\overrightarrow{MN}-\overrightarrow{FE}-\overrightarrow{EN}$;　　(2)计算:$4(\vec{a}-2\vec{b})-3(2\vec{a}+\vec{b})$.

3. 如图所示,在$\triangle ABC$ 中,$\overrightarrow{AB}=\vec{a}$,$\overrightarrow{AC}=\vec{b}$,$D$ 是 BC 上一点,且 $BD=2CD$,若$\overrightarrow{AD}=\lambda\vec{a}+\mu\vec{b}$,求 $\lambda+\mu$ 的值.

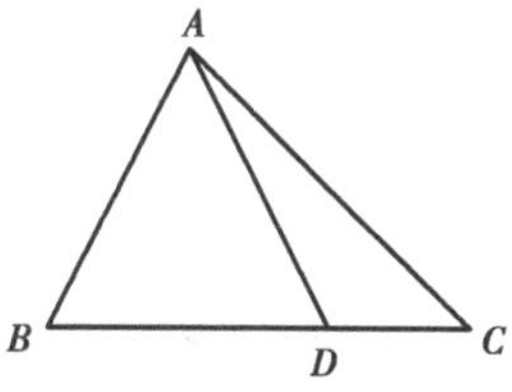

【综合练习】

1. 如图所示,在平行四边形 $ABCD$ 中,点 E 在 AB 上,且 $AE=2BE$,F 是 CD 的中点,已知 $\overrightarrow{AE}=\vec{a}$,$\overrightarrow{AF}=\vec{b}$,请用$\vec{a}$,$\vec{b}$表示$\overrightarrow{DE}$.

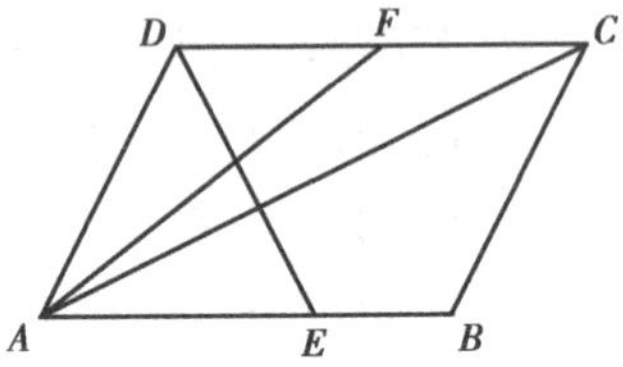

2. 已知$\overrightarrow{AB}=\vec{a}+2\vec{b}$,$\overrightarrow{BC}=3\vec{a}-\vec{b}$,$\overrightarrow{CD}=-\vec{a}+5\vec{b}$,求证:$A$,$B$,$D$ 三点共线.

【反思笔记】

(描述易错点、易混点、难点等)

4.3　平面向量的直角坐标及其运算

【基本概念】

平面向量的直角坐标		在平面直角坐标系中，分别取 x 轴、y 轴方向的两个单位向量 $\vec{i}$，$\vec{j}$ 作为基底，$\vec{a}$为坐标平面内的任意向量，以坐标原点 O 为起点作$\overrightarrow{OP}=\vec{a}$，那么有且只有一对实数 x,y，使得$\overrightarrow{OP}=x\vec{i}+y\vec{j}$，因此$\vec{a}=x\vec{i}+y\vec{j}$，我们把实数对________称为向量$\vec{a}$的坐标，记作$\vec{a}=$________
运算 设$\vec{a}=(x_1,y_1)$， $\vec{b}=(x_2,y_2)$	和	$\vec{a}+\vec{b}=$________
	差	$\vec{a}-\vec{b}=$________
	数乘	$\lambda\vec{a}=$________，其中 $\lambda\in\mathbf{R}$
向量坐标与点坐标		设 $A(x_1,y_1)$，$B(x_2,y_2)$，则$\overrightarrow{AB}=$________
平面向量平行的坐标表示		设$\vec{a}=(x_1,y_1)$，$\vec{b}=(x_2,y_2)$，则$\vec{a}/\!/\vec{b}\Leftrightarrow$________
向量的模		已知$\vec{a}=(x,y)$，则$\lvert\vec{a}\rvert=$________

【水平一练习】

一、填空题

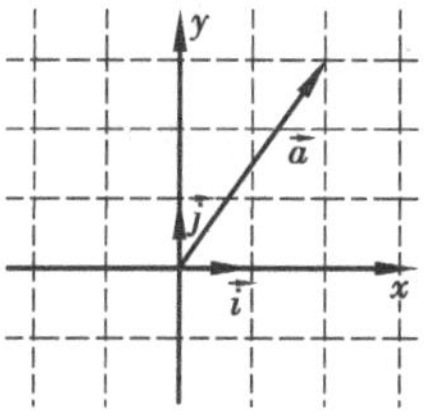

1. 已知$\vec{i}$，$\vec{j}$为基本单位向量，$\vec{a}=2\vec{i}+\vec{j}$，$\vec{b}=5\vec{i}-2\vec{j}$，则向量$\vec{a}$，$\vec{b}$的坐标分别是________，________.

2. 如图所示，向量$\vec{a}$的坐标是________.

3. 已知$\vec{m}=(3,-4)$，则$\lvert\vec{m}\rvert=$________.

4. 已知 A，B 两点的坐标分别是$(2,3)$，$B(1,-2)$，则向量$\overrightarrow{AB}$的坐标是________.

5. 已知$\vec{a}=(3,2)$，$\vec{b}=(1,4)$，则$\vec{a}+\vec{b}=$________，$\vec{a}-\vec{b}=$________，$-2\vec{b}=$________.

6. 已知向量$\vec{a}=(4,m)$，$\vec{b}=(-2,1)$，若$\vec{a}/\!/\vec{b}$，则 $m=$________.

二、选择题

1. 已知$\vec{i}$，$\vec{j}$为基本单位向量，$\vec{a}=3\vec{i}-\vec{j}$，则$\vec{a}=$(　　).

A. $(3,1)$　　B. $(3,-1)$　　C. $(-3,1)$　　D. $(-3,-1)$

2. 已知 $A(-5,2)$,$\overrightarrow{AB}=(3,1)$,则 B 点的坐标为(　　).

A. $(-2,3)$　　B. $(-8,1)$　　C. $(8,-1)$　　D. $(2,-3)$

3. 已知$\vec{a}=(2,1)$,$\vec{b}=(-1,0)$,则$\vec{a}-2\vec{b}=$(　　).

A. $(3,1)$　　B. $(1,1)$　　C. $(3,2)$　　D. $(4,1)$

4. 已知$\vec{a}=(m,3)$,$\vec{b}=(4,2)$,若$\vec{a}$与$\vec{b}$是共线向量,那么 $m=$(　　).

A. 12　　B. -6　　C. 6　　D. -12

5. 已知向量$\overrightarrow{MN}=(4,-2)$,$\overrightarrow{NO}=(-1,3)$,那么$\overrightarrow{MO}=$(　　).

A. $(3,1)$　　B. $(5,-5)$　　C. $(1,3)$　　D. $(-5,5)$

6. 已知向量$\vec{a}=(6,4)$,若$\vec{a}=-2\vec{b}$,则$\vec{b}=$(　　).

A. $(12,8)$　　B. $(3,2)$　　C. $(-12,-8)$　　D. $(-3,-2)$

【水平二练习】

一、填空题

1. 已知$\vec{a}=(x,3)$,$|\vec{a}|=5$,则 $x=$________.
2. 已知$\overrightarrow{AB}=(4,-1)$,$\overrightarrow{BC}=(3,2)$,则$|\overrightarrow{AC}|=$________.
3. 点 C 是线段 AB 的中点,已知 $A(-4,2)$,$B(6,8)$,则点 C 的坐标是________.
4. 设$\vec{a}=(2,m)$,$\vec{b}=(-1,3)$,若$(2\vec{a}-\vec{b})/\!/\vec{b}$,则 $m=$________.
5. 已知$\vec{a}=(4,3)$,则与$\vec{a}$共线的单位向量是________.
6. 设 $A(0,2)$,$B(-1,3)$,$C(x,1)$,若 A,B,C 三点共线,则 $x=$________.

二、解答题

1. 如图所示,用基本单位向量$\vec{i}$,$\vec{j}$表示向量$\vec{a}$,$\vec{b}$,$\vec{c}$,$\vec{d}$,并写出它们的坐标.

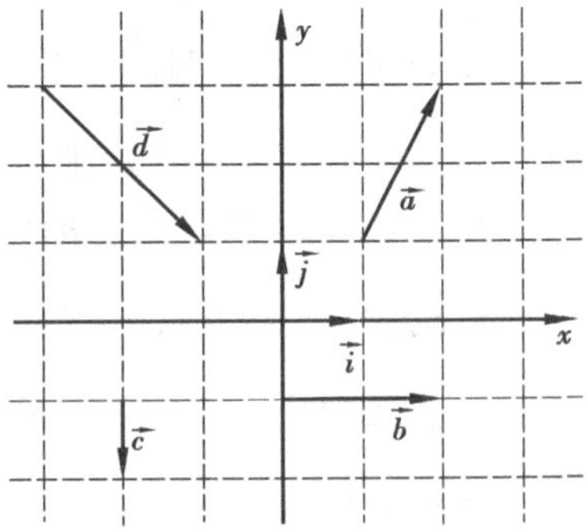

2. 已知三点 $A(a,0)$，$B(0,b)$，$C(-1,1)$，O 为坐标原点，若 $OABC$ 是平行四边形.

(1)求 a,b 的值；

(2)求 $|\overrightarrow{AB}|$.

3. 已知 $\vec{a}=(3,-1)$，$\vec{b}=(0,4)$.

(1)求 $|\vec{a}+\vec{b}|$；

(2)若 $(\lambda\vec{a}+\vec{b})\parallel(2\vec{a}-\vec{b})$，求实数 λ 的值.

【综合练习】

1. 已知两点 $A(2,-5)$，$B(8,1)$，若存在一个点 C，使得 $\overrightarrow{AC}=\frac{1}{2}\overrightarrow{CB}$，求点 C 的坐标.

2. 已知 $\vec{a}=(1,2)$，$\vec{b}=(-3,2)$，$\vec{c}=(1,-1)$.

(1)求证：$\vec{a}$ 与 $\vec{c}$ 不共线；

(2)计算:$2\vec{a}-\vec{b}+3\vec{c}$;

(3)若$(2\vec{a}+\vec{b})//(\vec{a}-\lambda\vec{c})$,求实数 λ 的值.

【反思笔记】

(描述易错点、易混点、难点等)

4.4 平面向量的内积

【基本概念】

名称	概念	图示及符号表示
向量的夹角	已知两个________向量$\vec{a}$和$\vec{b}$,作$\overrightarrow{OA}=\vec{a}$,$\overrightarrow{OB}=\vec{b}$,则$\angle AOB=\theta(0°\leqslant\theta\leqslant180°)$称为向量$\vec{a}$与$\vec{b}$的夹角. 当 $\theta=0°$时,$\vec{a}$和$\vec{b}$方向________; 当 $\theta=180°$时,$\vec{a}$和$\vec{b}$方向________; 当 $\theta=90°$时,$\vec{a}$与$\vec{b}$________,记作________	$\theta=\langle\vec{a},\vec{b}\rangle$

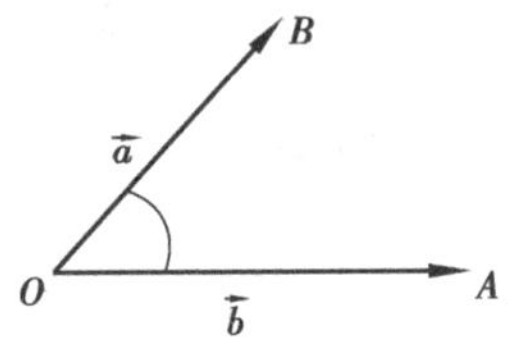

续表

名称	概念	图示及符号表示
投影	$\|\vec{a}\|\cos\theta$ 称为向量 $\vec{a}$ 在 $\vec{b}$ 方向上的投影	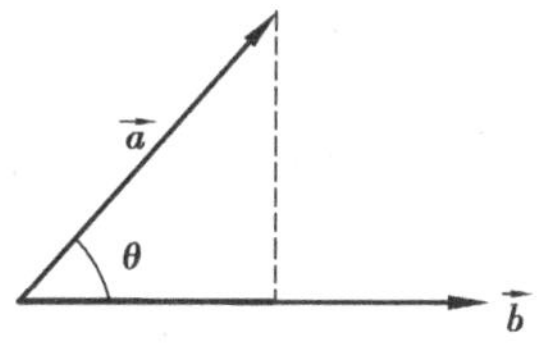 $\|\vec{a}\|\cos\theta$
	________称为向量 $\vec{b}$ 在 $\vec{a}$ 方向上的投影	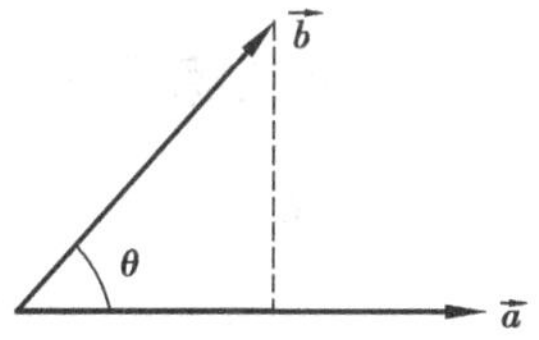 $\|\vec{b}\|\cos\theta$
平面向量的内积	设两个非零向量 $\vec{a}$，$\vec{b}$ 的夹角为 θ，则 $\vec{a}$，$\vec{b}$ 的模与它们夹角的余弦值之积称为 $\vec{a}$ 与 $\vec{b}$ 的内积（或数量积），记作 $\vec{a}\cdot\vec{b}$. 其几何意义：内积 $\vec{a}\cdot\vec{b}$ 等于 $\vec{a}$ 的模 $\|\vec{a}\|$ 与 $\vec{b}$ 在 $\vec{a}$ 方向上的投影________的乘积	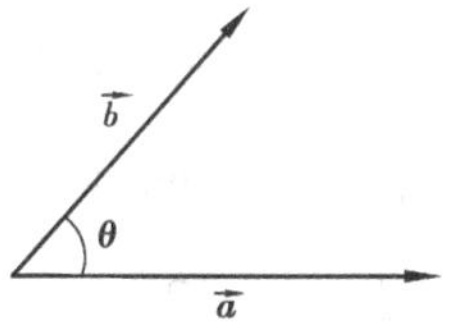 $\vec{a}\cdot\vec{b}=$________

运算律：

交换律	$\vec{a}\cdot\vec{b}=$________
分配律	$(\vec{a}+\vec{b})\cdot\vec{c}=$________
数乘结合律	$(\lambda\vec{a})\cdot\vec{b}=$________$=$________

运算性质：

已知 $\vec{a}=(x_1,y_1)$，$\vec{b}=(x_2,y_2)$，$\vec{a}$，$\vec{b}$ 的夹角为 θ.

向量有关概念	几何表示	坐标表示
内积	$\vec{a}\cdot\vec{b}=\|\vec{a}\|\|\vec{b}\|\cos\theta$	$\vec{a}\cdot\vec{b}=$________

续表

向量有关概念	几何表示	坐标表示
模	$\|\vec{a}\|=\sqrt{\vec{a}\cdot\vec{a}}$	$\|\vec{a}\|=$________
夹角	$\cos\theta=$________	$\cos\theta=\dfrac{x_1x_2+y_1y_2}{\sqrt{x_1^2+y_1^2}\cdot\sqrt{x_2^2+y_2^2}}$
$\vec{a}\perp\vec{b}$的充要条件	$\vec{a}\cdot\vec{b}=$________	________

【水平二练习】

一、填空题

1. 已知$|\vec{a}|=2$,$|\vec{b}|=3$,$<\vec{a},\vec{b}>=60°$,则$\vec{a}\cdot\vec{b}=$________.

2. 若$|\vec{a}|=4$,则$\vec{a}\cdot\vec{a}=$________.

3. 已知$\vec{a}\cdot\vec{b}=-\sqrt{3}$,$|\vec{a}|=1$,$|\vec{b}|=2$,则$<\vec{a},\vec{b}>=$________.

4. 已知$\vec{m}=(-1,3)$,则$|\vec{m}|=$________.

5. 若$\vec{a}\cdot\vec{a}=64$,则$|\vec{a}|=$________.

6. 已知$\vec{a}=(2,-5)$,$\vec{b}=(3,1)$,则$\vec{a}\cdot\vec{b}=$________.

7. 设$\vec{m}=(x,2)$,$\vec{n}=(-4,3)$,若$\vec{m}\perp\vec{n}$,则$x=$________.

二、选择题

1. 已知$|\vec{a}|=4$,$|\vec{b}|=2$,$<\vec{a},\vec{b}>=30°$,则向量$\vec{a}$在$\vec{b}$方向上的投影是(　　).

A. $2\sqrt{3}$　　B. $\sqrt{3}$　　C. 2　　D. 1

2. 相互垂直的一组向量是(　　).

A. $\vec{a}=(2,3)$,$\vec{b}=(3,2)$　　B. $\vec{a}=(-1,2)$,$\vec{b}=(2,-4)$

C. $\vec{a}=(-4,3)$,$\vec{b}=(6,8)$　　D. $\vec{a}=(0,1)$,$\vec{b}=(-3,1)$

3. 已知$A(-2,0)$,$B(1,2)$,则$|\overrightarrow{AB}|=$(　　).

A. 2　　B. $\sqrt{5}$　　C. $\sqrt{13}$　　D. 4

4. 已知$\vec{a}=(3,0)$,$\vec{b}=(2,2)$,则$<\vec{a},\vec{b}>=$(　　).

A. 30°　　B. 45°　　C. 60°　　D. 90°

5. 已知向量$\vec{a}$和$\vec{b}$,“$\vec{a}\perp\vec{b}$”是“$\vec{a}\cdot\vec{b}=0$”的(　　).

A. 充要条件　　B. 充分不必要条件

C. 必要不充分条件　　D. 既不充分也不必要条件

6. 已知向量$\vec{a}=(1,-2)$，$\vec{b}=(3,4)$，则$\cos<\vec{a},\vec{b}>=($　　$)$.

A. $-\frac{\sqrt{2}}{4}$　　B. $\frac{\sqrt{2}}{4}$　　C. $-\frac{\sqrt{5}}{5}$　　D. $\frac{\sqrt{5}}{5}$

【水平二练习】

一、填空题

1. 设$\vec{a}=(1,m)$，$\vec{b}=(-5,4)$，若$\vec{a}\cdot\vec{b}=3$，则$m=$________.

2. 已知向量$\vec{a}=(4,3)$，$\vec{b}=(-2,1)$，则$\cos<\vec{a}+\vec{b},\vec{b}>=$________.

3. 已知$|\vec{a}|=2$，$|\vec{b}|=\sqrt{2}$，$<\vec{a},\vec{b}>=45°$，则$\vec{a}\cdot(\vec{b}-\vec{a})=$________.

4. 已知向量$\vec{a}=(2,-3)$，$\vec{b}=(x,1)$，若$(\vec{a}+\vec{b})\perp\vec{a}$，则$x=$________.

5. 已知$\overrightarrow{AB}=(2,t)$，$\overrightarrow{AC}=(3,1)$，若$|\overrightarrow{BC}|=1$，则$t=$________，$\overrightarrow{AB}\cdot\overrightarrow{AC}=$________.

二、解答题

1. 已知向量$\vec{a}=(0,-2)$，$\vec{b}=(-2,4)$.

(1)求$|2\vec{a}+3\vec{b}|$；

(2)若$(\lambda\vec{a}+\vec{b})\perp\vec{b}$，求实数$\lambda$的值.

2. 已知向量$\vec{a}$，$\vec{b}$，$|\vec{a}|=3$，$|\vec{b}|=2$，且$\vec{a}\perp\vec{b}$.

(1)求$|2\vec{a}-\vec{b}|$；

(2)求$2\vec{a}-\vec{b}$与$\vec{a}$夹角的余弦值.

【综合练习】

1. 如图所示,已知在平行四边形 $ABCD$ 中,$AB=3$,$AD=2$,$\angle BAD=60°$,点 E 是 CD 的中点,求$\overrightarrow{BD}\cdot\overrightarrow{AE}$.

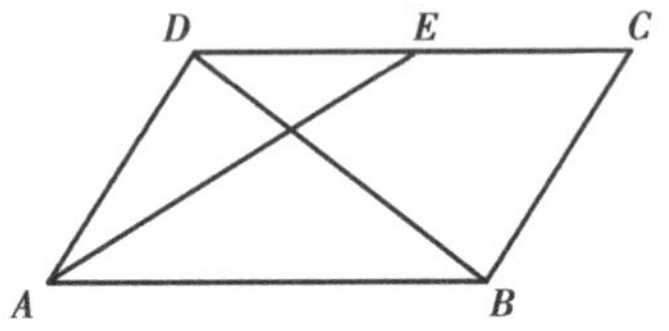

2. 已知向量$\vec{a}=(1,-\sqrt{3})$,$\vec{b}=(\sin x,\cos x)$,$x\in(0,\pi)$.

(1)若$\vec{a}\perp\vec{b}$,求 x 的值;

(2)若$\vec{a}\cdot\vec{b}=-\dfrac{2}{3}$,求 $\cos\left(2x-\dfrac{2\pi}{3}\right)$的值.

【反思笔记】

(描述易错点、易混点、难点等)

自我评价 4

（满分 100 分，时间 45 分钟）　　　评价结果：________

一、选择题（每题 6 分，共 36 分）

1. 下列说法正确的是（　　）.

A. 单位向量都相等　　B. 共线向量方向相同

C. 零向量方向不确定　　D. 反向相反的向量是相反向量

2. 若 $\vec{b}=3\vec{a}(\vec{a}\neq\vec{0})$，则下列说法错误的是（　　）.

A. $\vec{b}//\vec{a}$　　B. 向量 $\vec{b}$ 是向量 $\vec{a}$ 的 3 倍

C. $|\vec{b}|=3|\vec{a}|$　　D. 向量 $\vec{b}$ 与向量 $\vec{a}$ 方向相同

3. 在平行四边形 $ABCD$ 中，已知 $\overrightarrow{AB}=\vec{a}$，$\overrightarrow{AD}=\vec{b}$，则 $\overrightarrow{BD}=$（　　）.

A. $\vec{a}+\vec{b}$　　B. $\vec{a}-\vec{b}$　　C. $-\vec{a}-\vec{b}$　　D. $-\vec{a}+\vec{b}$

4. 已知两点 $A(3,3)$，$B(1,4)$，则向量 $\overrightarrow{AB}$ 的坐标是（　　）.

A. $(2,-1)$　　B. $(-2,1)$　　C. $(-1,2)$　　D. $(1,-2)$

5. 设 $\vec{a}=(2,1)$，$\vec{b}=(m,-2)$，若 $\vec{a}//\vec{b}$，则 $m=$（　　）.

A. -4　　B. 4　　C. -1　　D. 1

6. 已知 $|\vec{a}|=|\vec{b}|=2$，$<\vec{a},\vec{b}>=30°$，则 $\vec{a}\cdot\vec{b}=$（　　）.

A. 2　　B. 4　　C. $2\sqrt{3}$　　D. $4\sqrt{3}$

二、填空题（每题 6 分，共 24 分）

1. 化简：$\overrightarrow{AB}-\overrightarrow{CB}+\overrightarrow{CD}-\overrightarrow{BD}=$________.

2. 计算：$2(\vec{a}-3\vec{b})-\frac{1}{2}(4\vec{a}+2\vec{b})=$________.

3. 已知 $\vec{a}=(-1,3)$，$\vec{b}=(2,-5)$，则 $|\vec{a}+\vec{b}|=$________.

4. 设 $\vec{a}=(0,3)$，$\vec{b}=(3,y)$，若 $(\vec{a}-\vec{b})\perp\vec{a}$，则 $y=$________.

三、解答题（第 1 小题 13 分，第 2 小题 13 分，第 3 小题 14 分，共 40 分）

1. 如图所示，在 $\triangle ABC$ 中，点 D，E 分别是边 AC、AB 的中点，$BC=3CF$，设 $\overrightarrow{CA}=\vec{a}$，$\overrightarrow{CB}=\vec{b}$，请用 $\vec{a}$，$\vec{b}$ 表示向量 $\overrightarrow{DF}$，$\overrightarrow{FE}$.

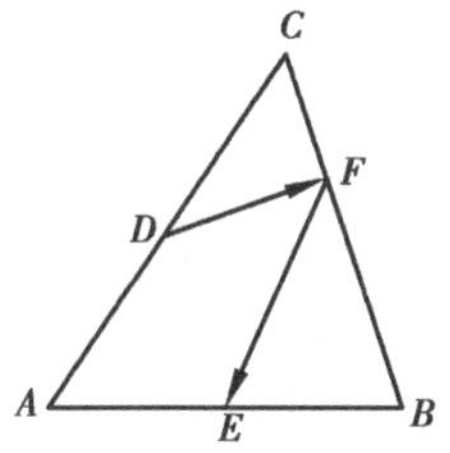

2. 已知向量$\vec{a}=(3,2)$,$\vec{b}=(2,-1)$,$\vec{c}=(1,3)$.

(1)若$\vec{c}=\lambda\vec{a}+\mu\vec{b}$,求实数$\lambda$、$\mu$的值;

(2)若$(\vec{a}+k\vec{c})\perp(\vec{b}-\vec{a})$,求实数$k$的值.

3. 已知$|\vec{a}|=1$,$|\vec{b}|=2$,$|\vec{a}+\vec{b}|=\sqrt{3}$.

(1)求$<\vec{a},\vec{b}>$;

(2)求$|2\vec{a}-3\vec{b}|$.

第 5 单元　圆锥曲线

5.1　椭圆

【基本概念】

名称	定义	图形及符号表示
椭圆	平面内与两个定点 F_1,F_2 的距离之和为常数 $2a$（大于 $\|F_1F_2\|$）的点的轨迹称为椭圆. 两个定点 F_1,F_2 称为椭圆的________，两个焦点的距离 $\|F_1F_2\|$ 称为________	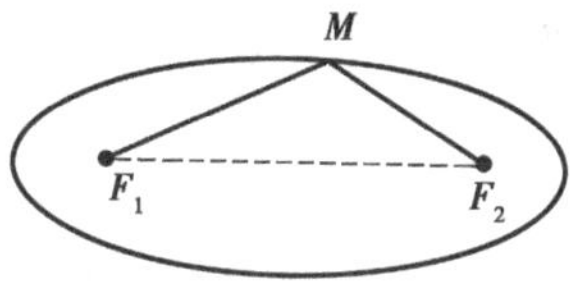 $\|MF_1\|+\|MF_2\|=2a$ $\|F_1F_2\|=2c$ $2a>2c$

标准方程及其几何性质：

标准方程	$\frac{x^2}{a^2}+\frac{y^2}{b^2}=1(a>b>0)$	$\frac{y^2}{a^2}+\frac{x^2}{b^2}=1(a>b>0)$
图形	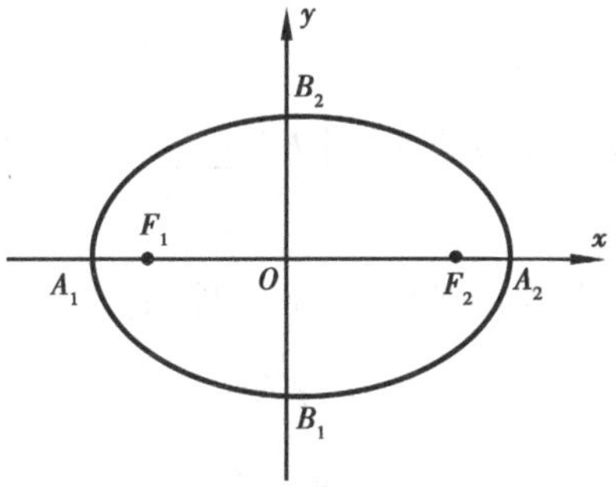 	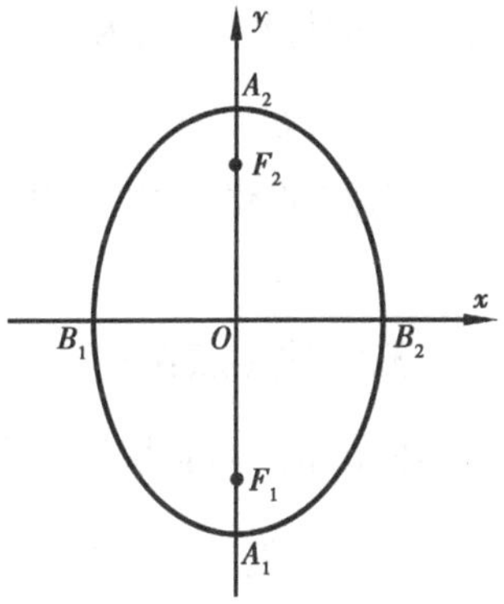
范围	$-a\leqslant x\leqslant a,-b\leqslant y\leqslant b$	$-b\leqslant x\leqslant b,-a\leqslant y\leqslant a$

续表

标准方程	$\frac{x^2}{a^2}+\frac{y^2}{b^2}=1(a>b>0)$	$\frac{y^2}{a^2}+\frac{x^2}{b^2}=1(a>b>0)$
顶点	$A_1(-a,0)$, $A_2(a,0)$ $B_1(0,-b)$, $B_2(0,b)$	$A_1($　　$)$, $A_2($　　$)$ $B_1($　　$)$, $B_2($　　$)$
	长轴长为________,长半轴长为________,短轴长为________,短半轴长为________	
对称性	关于 x 轴和 y 轴成轴对称,关于坐标原点成________对称	
焦点	$F_1(-c,0)$, $F_2(c,0)$	F_1 ________, F_2 ________
焦距	$\|F_1F_2\|=$________$(c>0)$	
a,b,c 等量关系	$c^2=$________	
离心率	$e=$________$(0<e<1)$	

【水平一练习】

一、填空题

1. 平面内到两个定点 F_1, F_2 的距离之和为 12 的点的轨迹为________________.

2. 若椭圆的标准方程为 $\frac{x^2}{25}+\frac{y^2}{16}=1$,则椭圆的焦点在________轴,$a^2=$________,$b^2=$________,椭圆上一动点 P 到两个焦点 F_1, F_2 的距离之和 $|PF_1|+|PF_2|=$________.

3. 若椭圆的标准方程为 $\frac{y^2}{16}+\frac{x^2}{7}=1$,则椭圆的焦点在________轴,$a^2=$________,$b^2=$________,焦距 $2c$ 为________.

4. 已知椭圆的焦点在 x 轴上,焦距 $2c=8$,$a=5$,则 $b=$________,椭圆的标准方程为________________.

5. 已知椭圆的焦点在 y 轴上,$a=3$,$b=\sqrt{2}$,则椭圆的标准方程为________________.

6. 已知椭圆的标准方程为 $\frac{x^2}{16}+\frac{y^2}{9}=1$,则椭圆的长半轴长为________,短半轴长为________,焦点坐标为 F_1 ________,F_2 ________,离心率为________.

7. 已知椭圆的标准方程为 $\frac{y^2}{16}+\frac{x^2}{7}=1$,则椭圆的长轴长为________,短轴长为________,焦点坐标为 F_1 ________,F_2 ________,离心率为________.

二、选择题

1. 椭圆$\frac{x^2}{4}+y^2=1$的焦点坐标为(　　).

A. $(-\sqrt{3},0),(\sqrt{3},0)$　　B. $(0,-\sqrt{3}),(0,\sqrt{3})$

C. $(-2,0),(2,0)$　　D. $(0,-1),(0,1)$

2. 长半轴长为 3,短半轴长为 2,且焦点在 x 轴上的椭圆的标准方程是(　　).

A. $\frac{x^2}{3}+\frac{y^2}{2}=1$　　B. $\frac{x^2}{9}+\frac{y^2}{4}=1$　　C. $\frac{x^2}{2}+\frac{y^2}{3}=1$　　D. $\frac{x^2}{4}+\frac{y^2}{9}=1$

3. 椭圆$\frac{x^2}{20}+\frac{y^2}{36}=1$的离心率是(　　).

A. $\frac{2}{3}$　　B. $\frac{3}{2}$　　C. $\frac{5}{9}$　　D. $\frac{2\sqrt{5}}{3}$

4. 离心率为$\frac{3}{5}$,焦距为 6,且焦点在 y 轴上的椭圆的标准方程为(　　).

A. $\frac{x^2}{25}+\frac{y^2}{32}=1$　　B. $\frac{x^2}{16}+\frac{y^2}{25}=1$　　C. $\frac{x^2}{16}+\frac{y^2}{32}=1$　　D. $\frac{x^2}{9}+\frac{y^2}{16}=1$

5. 方程$\frac{x^2}{m-5}+\frac{y^2}{3}=1$若表示焦点在 x 轴上的椭圆,则 m 的取值范围是(　　).

A. $m>5$　　B. $m>3$　　C. $3<m<5$　　D. $m>8$

【水平二练习】

一、填空题

1. 椭圆$\frac{x^2}{16}+\frac{y^2}{25}=1$上一点 P 到焦点 F_1 的距离为 2,则 P 到另一焦点 F_2 的距离是________.

2. 若椭圆的标准方程为 $9x^2+25y^2=225$,则椭圆焦点坐标为 F_1________,F_2________,顶点坐标为 A_1________,A_2________,B_1________,B_2________.

3. 若椭圆的焦点为 $F_1(0,6)$,$F_2(0,-6)$,离心率 $e=\frac{3}{5}$,则椭圆的标准方程是____________.

4. 短半轴长为 2,焦点坐标为 $F_1(0,3)$,$F_2(0,-3)$,则椭圆的标准方程是____________.

5. 已知椭圆经过点 $M(6,0)$,$N(0,7)$,则椭圆的标准方程是____________.

二、解答题

1. 方程$\frac{x^2}{k-5}+\frac{y^2}{9-k}=1$若表示焦点在$y$轴上的椭圆,求$k$的取值范围.

2. 已知一椭圆的焦点与椭圆$\frac{x^2}{7}+\frac{y^2}{4}=1$的焦点相同,且离心率为$\frac{\sqrt{3}}{2}$,求该椭圆的标准方程.

3. 已知椭圆的长轴在y轴上,半焦距为$\sqrt{5}$,长轴长与短轴长之和为10,求椭圆的标准方程.

【综合练习】

1. 已知椭圆的焦点 F_1, F_2 在 x 轴上，且与 x 轴的负半轴交于点 A，$|AF_1|=2$，$|AF_2|=14$，求此椭圆的标准方程.

2. 已知椭圆经过 $N(2,0)$，且长轴长是短轴长的 2 倍，求椭圆的标准方程.

3. 已知 P 是椭圆 $\frac{x^2}{20}+\frac{y^2}{45}=1$ 上一点，F_1, F_2 是椭圆的焦点.

(1)求椭圆的焦距；

(2)若 $PF_1 \perp PF_2$，求 $\triangle F_1PF_2$ 的面积.

【反思笔记】

(描述易错点、易混点、难点等)

5.2 双曲线

【基本概念】

名称	定义	图形及符号表示
双曲线	平面内与两个定点 F_1,F_2 的距离之差的绝对值为常数 $2a$(小于 $\|F_1F_2\|$)的点的轨迹称为双曲线.两个定点 F_1,F_2 称为双曲线的________,两个焦点的距离 $\|F_1F_2\|$ 称为________	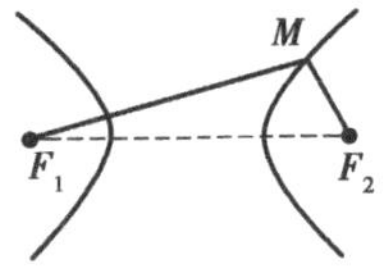 $\|\|MF_1\|-\|MF_2\|\|=2a$ $\|F_1F_2\|=2c$ $2a<2c$

标准方程及其几何性质:

标准方程	$\frac{x^2}{a^2}-\frac{y^2}{b^2}=1(a>0,b>0)$	________$=1(a>0,b>0)$
图形	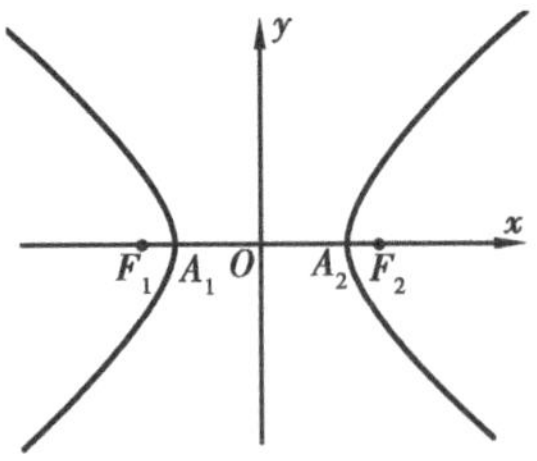	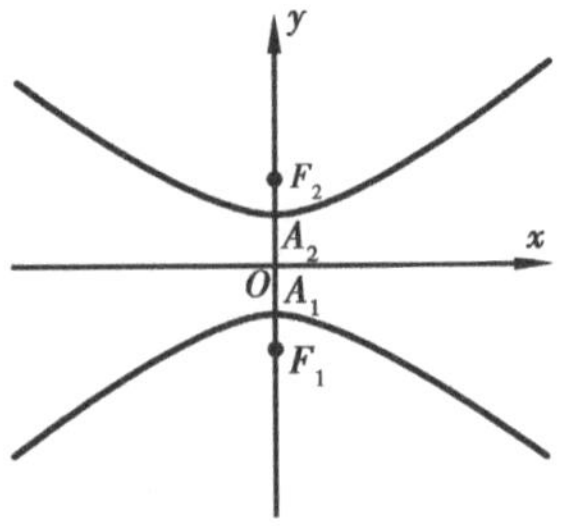
范围	$x\leqslant -a$ 或 $x\geqslant a,y\in\mathbf{R}$	$y\leqslant -a$ 或 $y\geqslant a,x\in\mathbf{R}$

续表

顶点	$A_1(-a,0)$,$A_2(a,0)$	$A_1($　　　$)$,$A_2($　　　$)$
	实轴长为________,实半轴长为________,虚轴长为________,虚半轴长为________	
对称性	关于 x 轴和 y 轴成轴对称,关于坐标原点成________对称	
焦点	$F_1(-c,0)$,$F_2(c,0)$	$F_1($　　　$)$,$F_2($　　　$)$
焦距	$\|F_1F_2\|=$________$(c>0)$	
a,b,c 等量关系	$c^2=$________	
离心率方程	$e=$________$(e>1)$	
渐近线	$y=\pm\frac{b}{a}x$	$y=$________________
等轴双曲线	实半轴长 a 与虚半轴长 b ________的双曲线称为等轴双曲线,其渐近线方程为 $y=\pm x$	

【水平一练习】

一、填空题

1. 平面内到两个定点 F_1,F_2 的距离之差的绝对值为常数 10 的点的轨迹为________.

2. 若双曲线的标准方程为$\frac{x^2}{7}-\frac{y^2}{16}=1$,则双曲线的焦点在________轴,$a^2=$________,$b^2=$________,双曲线上一动点 P 到两个焦点 F_1,F_2 的距离之差的绝对值 $\|\|PF_1\|-\|PF_2\|\|=$________.

3. 若双曲线的标准方程为$\frac{y^2}{25}-\frac{x^2}{24}=1$,则双曲线的焦点在________轴,$a^2=$________,$b^2=$________,焦距 $2c$ 为________.

4. 已知双曲线的焦点在 x 轴上,焦距 $2c=10$,$a=3$,则 $b=$________,双曲线的标准方程为________________.

5. 双曲线$\frac{x^2}{9}-\frac{y^2}{16}=1$ 的渐近线方程是________________.

6. 已知双曲线的标准方程为$\frac{x^2}{4}-\frac{y^2}{9}=1$,则双曲线的实半轴长为________,虚半轴长为________,焦点坐标为 F_1 ________,F_2 ________,离心率为________.

7. 已知双曲线的标准方程为$\frac{y^2}{16}-\frac{x^2}{9}=1$,则双曲线的实轴长为________,虚轴长为

________,焦点坐标为 F_1 ________,F_2 ________,离心率为________.

8. 双曲线$\frac{y^2}{16}-\frac{x^2}{36}=1$的渐近线方程是______________.

二、选择题

1. 双曲线$\frac{x^2}{16}-\frac{y^2}{9}=1$的焦距是(　　).

A. 3　　B. 10　　C. 6　　D. 8

2. 一个顶点坐标为$(-5,0)$,虚轴长为6的双曲线的标准方程是(　　).

A. $\frac{x^2}{25}-\frac{y^2}{9}=1$　　B. $\frac{x^2}{16}-\frac{y^2}{9}=1$　　C. $\frac{x^2}{9}-\frac{y^2}{16}=1$　　D. $\frac{y^2}{16}-\frac{x^2}{9}=1$

3. 一个焦点坐标为$(0,-5)$,虚轴长为6的双曲线的标准方程是(　　).

A. $\frac{x^2}{25}-\frac{y^2}{9}=10$　　B. $\frac{x^2}{16}-\frac{y^2}{9}=1$　　C. $\frac{x^2}{9}-\frac{y^2}{16}=1$　　D. $\frac{y^2}{16}-\frac{x^2}{9}=1$

4. 焦点在y轴上,焦距是18,离心率为$\frac{3}{2}$的双曲线的标准方程是(　　).

A. $\frac{y^2}{36}-\frac{x^2}{45}=1$　　B. $\frac{y^2}{45}-\frac{x^2}{36}=1$　　C. $\frac{y^2}{16}-\frac{x^2}{9}=1$　　D. $\frac{y^2}{9}-\frac{x^2}{16}=1$

5. 方程$\frac{y^2}{3}+\frac{x^2}{m-5}=1$若表示焦点在$y$轴上的双曲线,则$m$的取值范围是(　　).

A. $m>5$　　B. $m<5$　　C. $3<m<5$　　D. $m>8$

【水平二练习】

一、填空题

1. 双曲线$\frac{x^2}{16}-\frac{y^2}{25}=1$上一点$P$到焦点$F_1$的距离为2,则$P$到另一焦点$F_2$的距离是________.

2. 已知双曲线方程$9x^2-16y^2=-144$,其标准方程为______________,它的实半轴长为________,虚半轴长为________,顶点坐标为A_1 ________,A_2________,焦点坐标为F_1 ________,F_2 ________,离心率为________,渐近线方程为______________.

3. 已知双曲线方程$x^2-y^2-25=0$,其标准方程为______________,它的实轴长为________,虚轴长为________,所以这类双曲线称为________双曲线,顶点坐标为________,焦点坐标为________,离心率为________,渐近线方程为______________.

4. 动点P与两定点$F_1(0,5)$,$F_2(0,-5)$满足条件$||PF_1|-|PF_2||=6$,则点P的轨迹方程为______________.

5. 双曲线的一个焦点为$(-5,0)$,渐近线方程为$y=\pm\frac{3}{4}x$,则双曲线的标准方程为________________.

6. 等轴双曲线的中心在原点，一个焦点坐标为($\sqrt{14}$,0)，则它的标准方程为________________.

7. 设$\frac{\pi}{2}<\alpha<\pi$，则方程$\frac{x^2}{\cos\alpha}+\frac{y^2}{\sin\alpha}=1$表示的是焦点在________轴上的________(填"椭圆"或"双曲线").

二、解答题

1. 已知方程$\frac{x^2}{3+m}+\frac{y^2}{m+1}=1$.

(1)若方程为椭圆方程，求 m 的取值范围；

(2)若方程为双曲线方程，求 m 的取值范围.

2. 已知双曲线的中心在原点，一条渐近线方程是 $4x-3y=0$，一个焦点坐标是(5,0)，求该双曲线的标准方程.

3. 已知一双曲线 C 的焦点与双曲线$\frac{x^2}{13}-\frac{y^2}{3}=1$ 的焦点相同，中心在原点，且经过点 $N(4,6)$，求双曲线 C 的标准方程.

【综合练习】

1. 求以椭圆$\frac{x^2}{25}+\frac{y^2}{9}=1$的焦点为顶点,椭圆的顶点为焦点的双曲线的标准方程.

2. 已知点P是双曲线$\frac{x^2}{9}-\frac{y^2}{16}=1$上一点,$F_1$,$F_2$是双曲线的两个焦点.

(1)求双曲线的焦距;

(2)如果$PF_1\perp PF_2$,求$\triangle F_1PF_2$的面积.

3. 已知双曲线过焦点F_1的弦长$|AB|=5$,$2a=10$,求$\triangle ABF_2$的周长.

【反思笔记】

(描述易错点、易混点、难点等)

5.3　抛物线

【基本概念】

名称	定义	图形及符号表示
抛物线	平面内到定点 F 的距离与到定直线 l 的距离________的点的轨迹称为抛物线. 定点 F 称为抛物线的________，定直线 l 称为抛物线的________	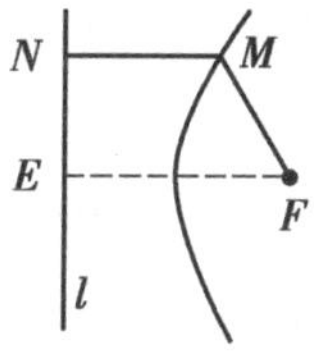 $\|MF\| = \|MN\|$

焦点位置	在 x 轴正半轴	在 x 轴负半轴	在 y 轴正半轴	在 y 轴负半轴
标准方程	$y^2 = 2px(p>0)$	________	________	________
图形	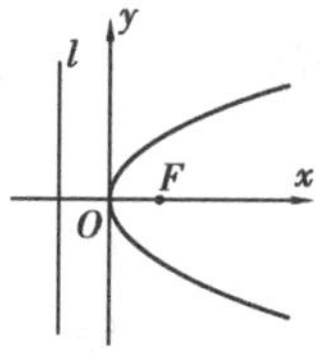	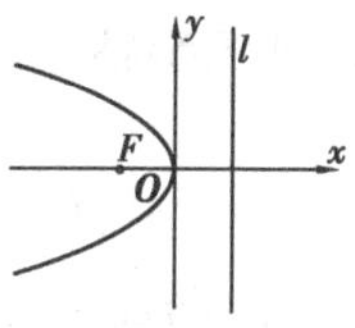	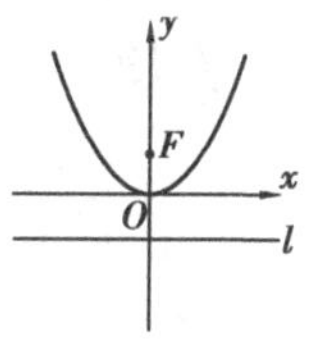	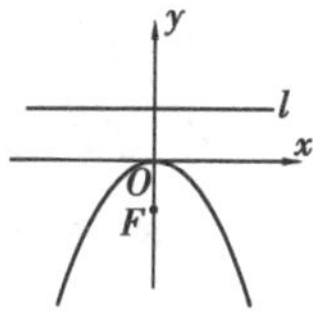
顶点	$O(0,0)$			
对称轴	________轴		y 轴	
焦点坐标	$F\left(\frac{p}{2},0\right)$	$F($　　　$)$	$F($　　　$)$	$F\left(0,-\frac{p}{2}\right)$
准线方程		$x=\frac{p}{2}$	$y=-\frac{p}{2}$	
范围	$x \geqslant 0, y \in \mathbf{R}$		$y \geqslant 0, x \in \mathbf{R}$	
离心率	$e=1$			
p 的几何意义	p 表示抛物线的________到________的距离			

【水平一练习】

一、填空题

1. 抛物线 $y^2=24x$ 上一点 P 到焦点的距离为 8,则点 P 到准线的距离是________.
2. 抛物线 $y^2=6x$ 的焦点坐标是________,准线方程为________________.
3. 抛物线 $x^2=-12y$ 的焦点坐标是________,准线方程为________________.
4. 若顶点在原点,焦点为 $F(-3,0)$,则抛物线的标准方程是________________.
5. 抛物线的顶点在原点,准线方程为 $y=-1$,则它的标准方程是________________.
6. 抛物线 $x^2=10y$ 的焦点到准线的距离是________.
7. 已知抛物线的顶点在原点,开口向上,过点 $N(3,10)$,则抛物线的标准方程为________________.

二、选择题

1. 已知抛物线的顶点在原点,准线为 $y=4$,其标准方程为(　　).
   A. $y^2=16x$　　B. $y^2=-16x$　　C. $x^2=16y$　　D. $x^2=-16y$
2. 已知抛物线的顶点在原点,焦点为 $F(0,4)$,其标准方程为(　　).
   A. $y^2=16x$　　B. $y^2=-16x$　　C. $x^2=16y$　　D. $x^2=-16y$
3. 已知抛物线的顶点在原点,焦点在 y 轴负半轴,焦点到准线的距离为 2,则抛物线的标准方程是(　　).
   A. $x^2=4y$　　B. $x^2=-4y$　　C. $y^2=4x$　　D. $y^2=-4x$
4. 与平面一定点 $(-1,0)$ 和定直线 $x=1$ 的距离相等的点的轨迹方程是(　　).
   A. $x^2=-4y$　　B. $x^2=-y$　　C. $y^2=-4x$　　D. $y^2=4x$
5. 抛物线 $y^2=12x$ 的焦点到原点的距离是(　　).
   A. 3　　B. 4　　C. 6　　D. 8

【水平二练习】

一、填空题

1. 抛物线 $x=4y^2$ 的焦点坐标是________,准线方程是________________.
2. 顶点在原点,图像关于 x 轴对称,且经过点 $P(-2,-3)$ 的抛物线的标准方程为________________.
3. 抛物线 $4x^2-9y=0$ 的焦点坐标是________,准线方程是________________.
4. 顶点在原点,焦点为 $(x-2)^2+y^2=9$ 圆心的抛物线的标准方程是________________.
5. 抛物线顶点在坐标原点,焦点到准线的距离为 6,焦点在 y 轴上,则抛物线的标准方程是________________.
6. 若抛物线 $y^2=4x$ 上一点 P 到焦点的距离为 4,则点 P 的横坐标是________.

二、解答题

1. 求以双曲线$\frac{x^2}{9}-\frac{y^2}{16}=1$的左焦点为焦点,顶点在原点的抛物线的标准方程.

2. 已知抛物线经过直线$x+y=0$与$2x-y+6=0$的交点,且对称轴为y轴,求抛物线的标准方程和准线方程.

3. 求以坐标轴为对称轴,经过点$P(-2,-4)$的抛物线的标准方程.

【综合练习】

1. 已知某抛物线上点$Q(m,n)$到它的准线$x=-1$的距离为7.
   (1)求抛物线的标准方程;
   (2)求m和n的值.

2. 有一抛物线形拱桥,当水面距拱顶 2 米时,水面宽 8 米,当水面下降 3 米时,水面宽是多少米?

【反思笔记】

(描述易错点、易混点、难点等)

5.4 直线与圆锥曲线

【基本概念】

1. 交点问题

①联立直线与圆锥曲线的方程组成一个二元二次方程组.

②把直线方程代入曲线方程得到一个一元二次方程.

③当 $\Delta>0$ 时,直线与圆锥曲线有两个不同的交点.

当 $\Delta=0$ 时,直线与圆锥曲线有一个交点;

当 $\Delta<0$ 时,直线与圆锥曲线有没有交点.

2. 弦长问题

当直线与圆锥曲线相交于 $A(x_1,y_1)$，$B(x_2,y_2)$ 两点，求 $|AB|$.

(1)用两点间的距离公式：$|AB|=\sqrt{(x_1-x_2)^2+(y_1-y_2)^2}$.

*(2)若直线 l 的斜率存在：$|AB|=\sqrt{1+k^2}\,|x_1-x_2|=\sqrt{1+k^2}\sqrt{(x_1+x_2)^2-4x_1x_2}$

或 $|AB|=\sqrt{1+\frac{1}{k^2}}\,|y_1-y_2|=\sqrt{1+k^2}\sqrt{(y_1+y_2)^2-4y_1y_2}$；

若直线 l 的斜率不存在：$|AB|=|y_1-y_2|$.

【水平一练习】

一、填空题

1. 经过抛物线 $x^2=4y$ 的焦点垂直于 y 轴的直线与抛物线相交，其弦长是________.

2. 经过椭圆 $\frac{x^2}{4}+y^2=1$ 的左焦点 F_1 垂直于 x 轴的直线与椭圆相交，其弦长是________.

3. F_1，F_2 是椭圆 $\frac{x^2}{16}+\frac{y^2}{7}=1$ 的两个焦点，经过椭圆的左焦点 F_1 的直线 l 交椭圆于 A，B 两点，则 $\triangle ABF_2$ 的周长是________.

4. 已知直线 $y=2x-1$ 与抛物线 $y=x^2$ 相交，则交点坐标为________.

5. 过双曲线 $\frac{x^2}{16}-\frac{y^2}{9}=1$ 的右焦点，斜率为 -2 的直线方程为________________.

二、选择题

1. 以下对于抛物线 $x^2=2y$ 与直线 $y=x+1$ 的交点情况描述正确的是(　　).

A. 有两个不同的交点　　B. 有一个交点

C. 没有交点　　D. 无法判断交点

2. 以下对于椭圆 $\frac{x^2}{3}+y^2=1$ 与直线 $y=x-1$ 的交点情况描述正确的是(　　).

A. 有两个不同的交点　　B. 有一个交点

C. 没有交点　　D. 无法判断交点

3. 过抛物线 $x^2=-4y$ 的焦点，斜率为 -1 的直线方程为(　　).

A. $x+y+2=0$　　B. $x+y+1=0$

C. $x+y-2=0$　　D. $x+y-1=0$

4. 双曲线 $\frac{x^2}{9}-\frac{y^2}{16}=1$ 与直线 $x=-5$ 的交点坐标是(　　).

A. $(-5,3)$ 或 $(-5,-3)$　　B. $(-5,4)$

C. $(-5,-4)$　　D. $(-5,\frac{16}{3})$ 或 $(-5,-\frac{16}{3})$

【水平二练习】

一、填空题

1. 若直线 $y=2x+m$ 与抛物线 $y^2=-6x$ 没有公共点,则 m 的取值范围是________.

2. 已知抛物线方程为 $y^2=-8x$,过焦点 F 作对称轴的垂线 l,l 交抛物线于 A,B 两点,则 $|AB|=$________.

3. 经过双曲线 $\frac{x^2}{9}-\frac{y^2}{16}=1$ 的右焦点且平行于斜率为正的渐近线的直线方程为________________.

4. 直线 $y=x-1$ 与双曲线 $\frac{x^2}{4}-\frac{y^2}{4}=1$ 的交点坐标是________.

二、解答题

1. 已知直线 $y=x+\frac{5}{2}$ 与抛物线 $y^2=-2x$ 交于 A,B 两点,点 F 为抛物线的焦点,求 $|AF|+|BF|$ 的值.

2. 已知椭圆的两个焦点 F_1,F_2 在 x 轴上,长轴长为 4,离心率为 $\frac{\sqrt{3}}{2}$.

(1)求椭圆的标准方程;

(2)设直线 $y=\frac{\sqrt{3}}{2}x+1$ 与椭圆相交于 A,B 两点,求 $|AB|$ 的值.

3. 已知一双曲线的中心在原点,焦点在 x 轴上,实半轴长为 2,且经过点 $(2\sqrt{2},1)$.

(1)求该双曲线的标准方程;

(2)若直线 $y=x-m$ 与该双曲线有交点,求 m 的取值范围.

【综合练习】

1. 直线 $y=x-3$ 与抛物线 $y^2=4x$ 相交于 A,B 两点,O 为坐标原点,求 $\triangle AOB$ 的面积.

2. 已知椭圆的两个焦点分别为 $F_1(-\sqrt{3},0)$,$F_2(\sqrt{3},0)$,过 F_1 平行于 y 轴的直线 l 与椭圆交于 A,B 两点,且 $|AB|=4$,求此椭圆的标准方程.

3. 已知抛物线的顶点在原点,对称轴为 y 轴,焦点坐标为 $F(0,1)$.
   (1)求抛物线的标准方程;
   (2)若过点 $A(0,m)$,且斜率为2的直线 l 与该抛物线没有交点,求 m 的取值范围;
   (3)过焦点 F 且与 x 轴平行的直线与抛物线交于 P,Q 两点,求以 F 为圆心,PQ 为直径的圆的方程.

【反思笔记】

(描述易错点、易混点、难点等)

自我评价 5

(满分 100 分,时间 45 分钟)　　评价结果:________

一、选择题(每题 6 分,共 36 分)

1. 椭圆$\frac{x^2}{25}+\frac{y^2}{9}=1$ 的离心率是(　　).

A. $e=\frac{3}{5}$　　B. $e=\frac{4}{5}$　　C. $e=\frac{3}{4}$　　D. $e=\frac{5}{4}$

2. 椭圆的长轴长为 6,且长轴在 y 轴上,离心率为$\frac{2}{3}$,则该椭圆的标准方程为(　　).

A. $\frac{x^2}{36}+\frac{y^2}{20}=1$　　B. $\frac{x^2}{9}+\frac{y^2}{5}=1$　　C. $\frac{x^2}{20}+\frac{y^2}{36}=1$　　D. $\frac{x^2}{5}+\frac{y^2}{9}=1$

3. 一个焦点坐标为(0, −10),虚半轴长为 8 的双曲线的标准方程是(　　).

A. $\frac{x^2}{64}-\frac{y^2}{36}=1$　　B. $\frac{x^2}{36}-\frac{y^2}{64}=1$　　C. $\frac{x^2}{25}-\frac{y^2}{36}=1$　　D. $\frac{y^2}{36}-\frac{x^2}{64}=1$

4. 准线方程为 $x=2$ 的抛物线的标准方程是(　　).

A. $y^2=-4x$　　B. $y^2=-8x$　　C. $y^2=4x$　　D. $y^2=8x$

5. 抛物线 $x^2=12y$ 的焦点坐标是(　　).

A. $F(3,0)$　　B. $F(6,0)$　　C. $F(0,3)$　　D. $F(0,-3)$

6. 双曲线$\frac{x^2}{16}-\frac{y^2}{64}=1$ 上一点到它的一个焦点的距离为 1,则该点到另一个焦点的距离为(　　).

A. 9　　B. 17　　C. 7　　D. 18

二、填空题(每题 6 分,共 24 分)

1. 椭圆$\frac{x^2}{25}+\frac{y^2}{16}=1$ 的焦点坐标为________.

2. 双曲线的焦点在 x 轴上，它的实半轴长为 $2\sqrt{5}$，且经过点 $(-5,2)$，则双曲线的标准方程是________.

3. 已知 F_1，F_2 为椭圆 $\frac{x^2}{36}+\frac{y^2}{9}=1$ 的两个焦点，过 F_1 的直线与椭圆交于 A，B 两点，则 $\triangle ABF_2$ 的周长是________.

4. 双曲线 $\frac{x^2}{3}-\frac{y^2}{4}=1$ 的两条渐近线方程为________.

三、解答题（第 1 小题 13 分，第 2 小题 13 分，第 3 小题 14 分，共 40 分）

1. 已知双曲线的中心在原点，其中一个焦点是 $F_1(-5,0)$，一条渐近线方程是 $4x-3y=0$.

(1) 求实轴长和虚轴长；

(2) 求双曲线的标准方程.

2. 已知抛物线焦点在 y 轴的正半轴，焦点到准线的距离为 1.

(1) 求抛物线的标准方程；

(2) 求直线 $y=-x+1$ 与抛物线的交点坐标.

3. 点 P 是椭圆 $4x^2+5y^2=20$ 上的一点，且它在 x 轴的上方，F_1，F_2 分别为椭圆的左、右焦点，斜率为 -1 的直线 PF_2 与椭圆交于 Q 点，M 为 PQ 的中点.

(1) 求直线 PF_2 的方程；

(2) 求 $\triangle MF_1F_2$ 的面积.

第 6 单元　立体几何

6.1　平面的基本性质

【基本概念】

名称	概念	图形及数学符号表示
平面	光滑、平坦并且无限延展的图形称为平面	 平面 $\alpha(\beta,\gamma,\cdots)$，平面 $ABCD$，平面 $AC(BD)$
点与直线的位置关系	点 A 在直线 l 上，点 B 不在直线 l 上	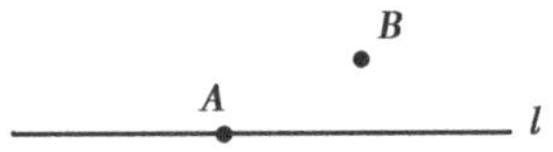 $A\in l;B\notin l$
点与平面的位置关系	点 A 在平面 α 内，点 B 不在平面 α 内	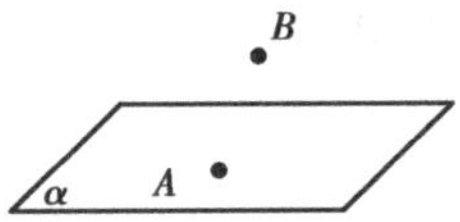 $A\in\alpha;B\notin\alpha$
直线与平面的位置关系	直线 l 在平面 α 内，直线 l_1 和直线 l_2 不在平面 α 内	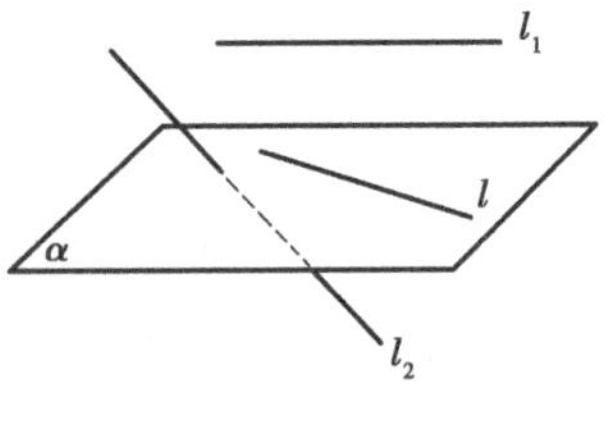 $l\subset\alpha;l_1\not\subset\alpha;l_2\not\subset\alpha$

公理、定理、推论	图形	数学符号表示
公理 1：如果一条直线上有________点在一个平面内，那么这条直线在此平面内	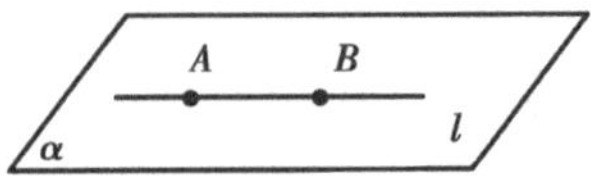	如果 $A\in l,B\in l$，且 $A\in\alpha$，$B\in\alpha$，那么 $l\subset\alpha$

续表

公理、定理、推论	图形	数学符号表示
公理 2：如果不重合的两个平面有一个公共点，那么它们有且只有一条经过该点的直线.	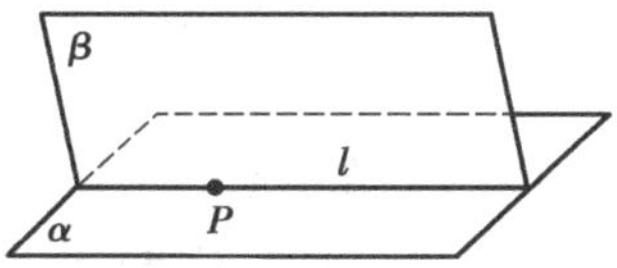	如果 $P\in\alpha\cap\beta$，那么 $\alpha\cap\beta=l$，且 $P\in l$
公理 3：经过不在同一条直线上的三点，有且只有一个平面	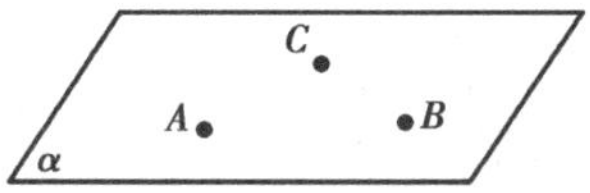	如果 A,B,C 三点不共线，那么有且只有一个平面 α 经过这三个点. 其中 A,B,C ____ α
推论 1：经过一条直线和直线外一点，有且只有一个平面	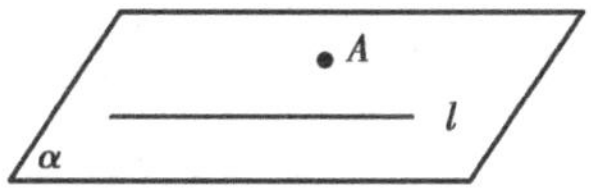	如果 $A\notin l$，那么有且只有一个平面 α 经过点 A 和直线 l. 其中 A ____ α，l ____ α
推论 2：经过两条相交直线，有且只有一个平面	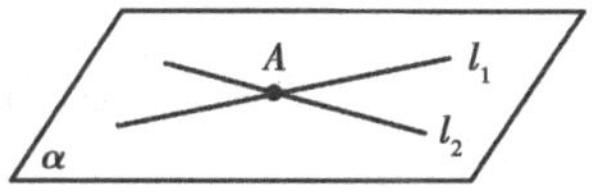	如果 $l_1\cap l_2=A$，那么有且只有一个平面 α 经过相交直线 l_1 和 l_2. 其中 A ____ α，l_1,l_2 ____ α
推论 3：经过两条平行直线，有且只有一个平面	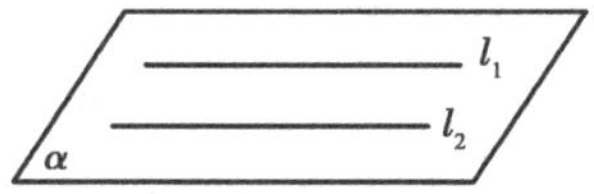	如果 $l_1/\!/l_2$，那么有且只有一个平面 α 经过平行直线 l_1 和 l_2. 其中 $l_1/\!/l_2$，且 l_1,l_2 ____ α

【水平一练习】

一、填空题

1. 若点 M 在平面 α 内，记作 M ____ α，若点 N 不在平面 α 内，记作 N ____ α.
2. 若直线 l 在平面 α 内，记作 l ____ α，若直线 l 不在平面 α 内，记作 l ____ α.
3. 两点可以确定____条直线，不共线的三点可以确定____个平面.
4. 如果直线 a 与直线 b 相交于点 A，用数学符号表示是________.
5. 如果直线 m 与平面 β 相交于点 P，用数学符号表示是________.
6. 如果平面 α 与平面 β 相交，它们的交线是 AB，用数学符号表示是________.
7. 两条平行直线 l 和 m 均在平面 α 内，则用数学符号表示直线 l、直线 m 和平面 α 之间的关系分别是________，________，________.
8. 直线 l 和直线 m 均在平面 α 内，则直线 l 与直线 m ________.

二、选择题

1. “线段 MN 在平面 α 内”是“直线 MN 在平面 α 内”的(　　).

A. 充分不必要条件　　B. 必要不充分条件

C. 充要条件　　D. 既不充分也不必要条件

2. 如果平面 α 经过直线 l,则这样的平面有(　　).

A. 且只有一个　　B. 两个　　C. 三个　　D. 无数个

3. 如果 $l\not\subset\alpha$,则下列情况一定不成立的是(　　).

A. $l\cap\alpha=A$　　B. $l\cap\alpha=\varnothing$　　C. $l//\alpha$　　D. $l\cap\alpha=l$

4. 不在同一平面上的四点可以确定不同的(　　).

A. 四个平面　　B. 三个平面　　C. 两个平面　　D. 一个平面

5. 如果点 A 既在平面 α 内又在平面 β 内,则(　　).

A. $\alpha\cap\beta=A$　　B. $\alpha\cap\beta=l$ 且 $A\in l$　　C. $\alpha\cap\beta=l$ 且 $A\notin l$　　D. $\alpha\cap\beta=\varnothing$

【水平二练习】

一、填空题

1. “点 A 是直线 l 上的一点,若直线 l 在平面 α 内,则点 A 一定在平面 α 内”这是________命题.(填“真”或“假”)

2. “两条直线不平行则相交”这是________命题.(填“真”或“假”)

3. 点 A 是直线 l 上的一点,点 A 在平面 α 内,若点 P 是直线 l 上的另一点,则点 P 一定________平面 α 内.(填“一定在”“一定不在”或“不一定在”)

4. 一条直线 l 经过平面 α 内一点和平面 α 外一点,则直线 l 与平面 α 有________个交点.

5. 经过三点的平面有________个.

二、解答题

1. 请用集合的符号表示如图所示的点与直线、点与平面以及直线与平面之间的位置关系.

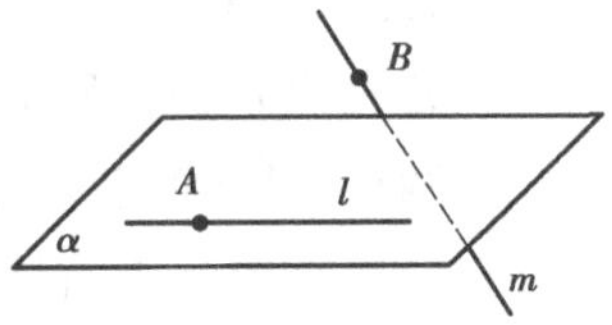

2. 将下列文字语言转化为符号表示.

(1)点 A 在平面 α 内,但不在平面 β 内;

(2)直线 a,b 相交于点 O;

(3)直线 l 在平面 β 内.

3. 如图所示,在长方体 $ABCD-A_1B_1C_1D_1$ 中,点 M 是棱 AB 上一点,写出 M,A_1,B_1,C_1,D_1 五个点确定的不同平面.

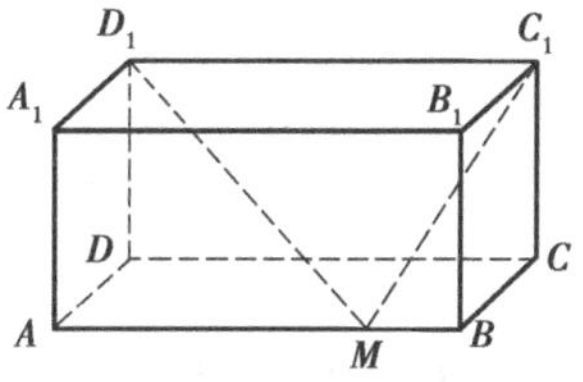

【综合练习】

1. 建筑专业的学生小明到实习工地见习,他看见工人正在给房屋地面贴瓷砖,工人师傅用十字架卡子放在四块瓷砖的角上,如图所示,你知道十字架卡子的作用是什么吗?

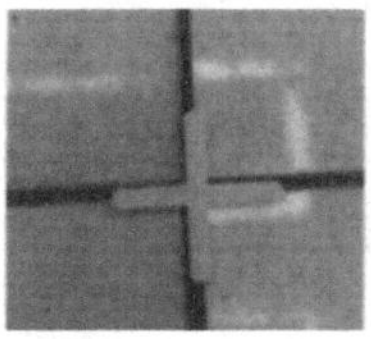

2. 如图所示,已知 $A\in l,B\in l,C\in l,D\notin l$.
求证:直线 AD,BD,CD 三线共面.

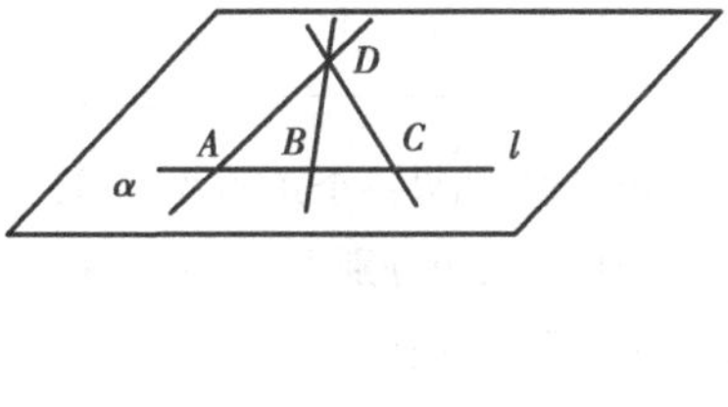

【反思笔记】

(描述易错点、易混点、难点等)

6.2 直线与直线的位置关系

6.2.1 平行直线

【基本概念】

名称	概念、定理、性质	图形及数学符号表示
平行	同一平面内不相交的两条直线称为平行线	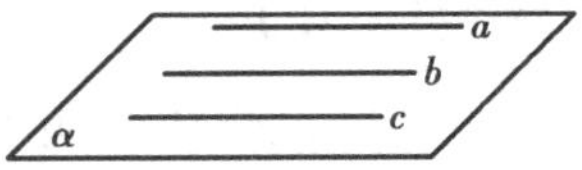 平面 α 内,$a//b//c$

公理、定理、推论	图形	数学符号表示
平行公理:过直线外一点有且只有一条直线与这条直线平行	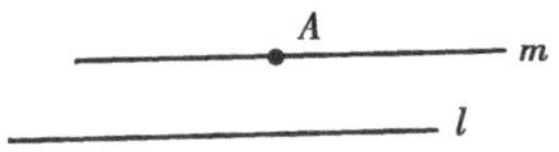	如果 $A\notin l$,则 $A\in m$ 且 $m//l$
平行性质:平行于同一直线的两条直线平行	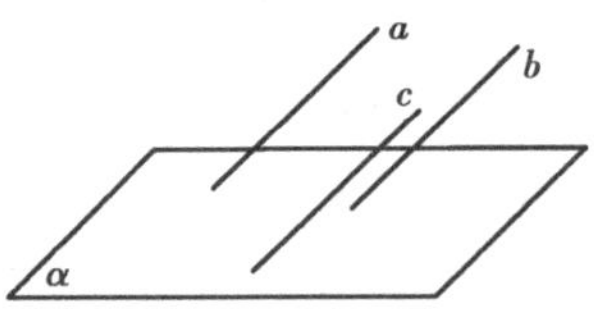	如果 $b//a$,且 $c//a$,那么 $b//c$
等角定理:如果一个角的两边与另一个角的两边分别平行,那么这两个角相等或互补	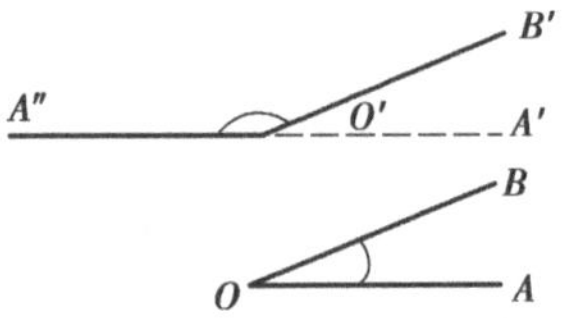	如果 $OA//O'A'$,$OB//O'B'$,那么 $\angle AOB=\angle A'O'B'$ 或 $\angle AOB+\angle A'O'B'=180°$

【水平一练习】

一、填空题

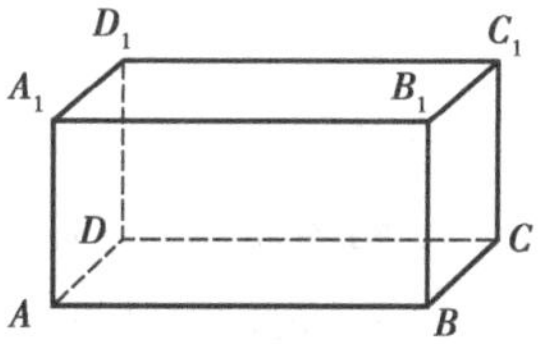

1. 如图所示，在长方体 $ABCD-A_1B_1C_1D_1$ 中，与棱 AB 所在的直线平行的棱有________.
2. 空间直线包含共面直线和异面直线，其中共面直线指的是________直线和________直线.
3. 平行于同一条直线的两条直线________.
4. 经过直线 a 外一点 A，有________条直线与直线 a 平行.
5. 经过直线 a 外一点 A，有________条直线与直线 a 相交.
6. 经过直线 a 外一点 A，有________条直线与直线 a 异面.
7. 经过直线 a 外一点 A，有________条直线与直线 a 垂直相交.

二、选择题

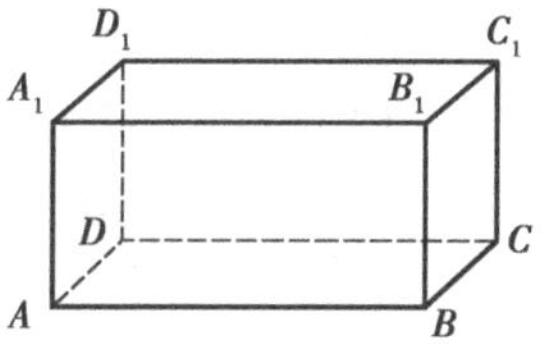

1. 如图所示，在长方体 $ABCD-A_1B_1C_1D_1$ 中，与棱 A_1A 平行的棱有(　　).

A. 1 条　　B. 2 条
C. 3 条　　D. 4 条

2. 如上题图所示，在长方体 $ABCD-A_1B_1C_1D_1$ 中，与棱 A_1A 相交的棱有(　　).

A. 1 条　　B. 2 条　　C. 3 条　　D. 4 条

3. 如上题图所示，在长方体 $ABCD-A_1B_1C_1D_1$ 中，与棱 A_1A 异面的棱有(　　).

A. 1 条　　B. 2 条　　C. 3 条　　D. 4 条

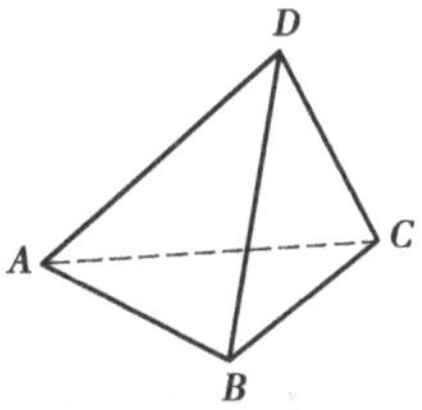

4. 如图所示，在四面体 $ABCD$ 中，AB 与 DC 的位置关系是(　　).

A. 相交　　B. 平行
C. 异面　　D. 无法确定

5. 如上题图所示，在四面体 $ABCD$ 中，与 BD 相交的直线有(　　).

A. 1 条　　B. 2 条
C. 3 条　　D. 4 条

【水平二练习】

一、填空题

1. 如果空间内两个角的两边分别平行，那么这两个角________.
2. 如果直线 l 与直线 m 不平行，则直线 l 与直线 m 的位置关系是________.
3. 如果直线 l 与直线 m 平行，且直线 l 与直线 n 不平行，则直线 m 与直线 n 的位置关系是________.
4. 如果直线 l 与直线 m 平行，且直线 l 与直线 n 异面，则直线 m 与直线 n 的位置关系是________.

5. 如果直线 a 与直线 b 异面,且直线 a 与直线 c 异面,则直线 b 与直线 c 的位置关系是________.

二、解答题

1. 如图所示,在长方体 $ABCD-A_1B_1C_1D_1$ 中,找出哪些棱所在的直线分别与棱 AB 所在的直线平行、相交、异面.

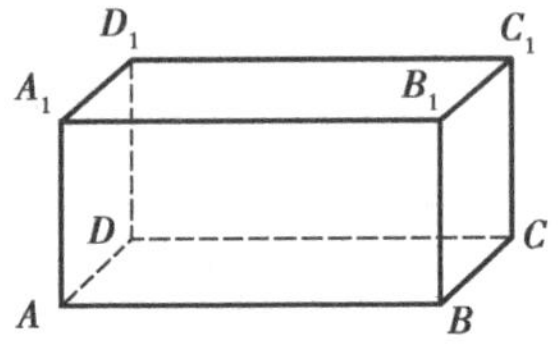

2. 如图所示,在长方体 $ABCD-A_1B_1C_1D_1$ 中.

(1)找出与 A_1C 相交的棱;

(2)找出与 AD 平行的棱.

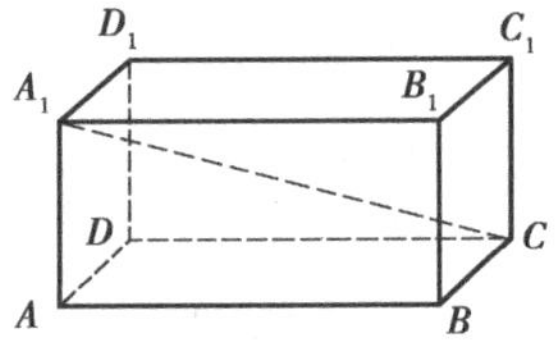

【综合练习】

如图所示,在空间四边形 $ABCD$ 中,$AC=BD$,E,F,G,H 分别是 AB,BC,CD,DA 的中点,求证四边形 $EFGH$ 是菱形.

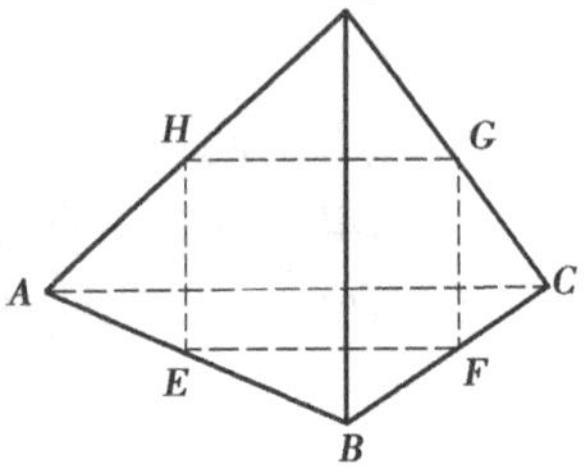

【反思笔记】

（描述易错点、易混点、难点等）

6.2.2　异面直线

【基本概念】

名称	概念、定理、性质	图形及数学符号表示
共面直线	在同一个平面的直线称为共面直线	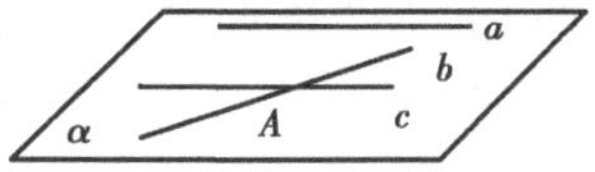 平面 α 内，$a//c$，$b\cap c=A$
异面直线	不同在任何一个平面内的两条直线称为异面直线	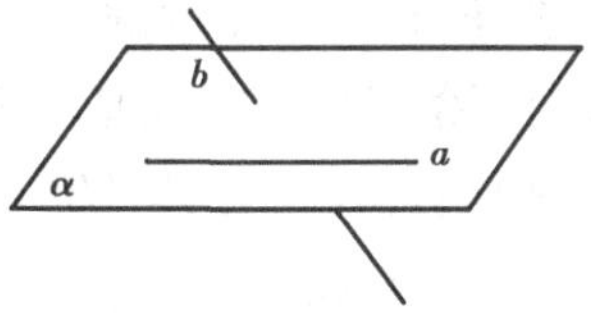 平面 α 内，a 与 b 异面. 异面直线既不平行也不________
异面直线的夹角	直线 a,b 是两条异面直线，过空间任意一点 O 作 $a'//a$，$b'//b$，则 a' 与 b' 相交所成的锐角（或直角）称为异面直线 a 与 b 所成的角（或夹角）	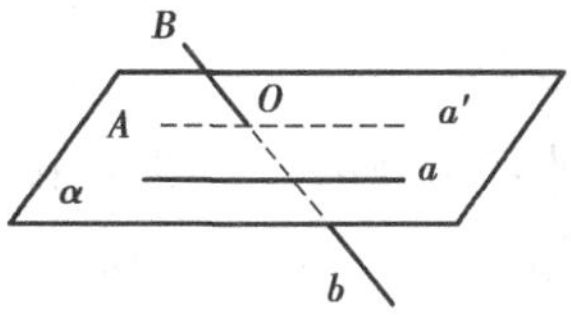 $\angle AOB$ 为异面直线 a 与 b 的夹角
两条直线互相垂直	两条异面直线的夹角是直角，称这两条直线互相垂直	两条直线互相垂直，则这两条直线相交垂直或异面垂直

续表

公理、定理、推论	图形	数学符号表示
异面直线的判定定理:连接平面内一点与平面外一点的直线和这个平面内不经过该点的任意直线是异面直线	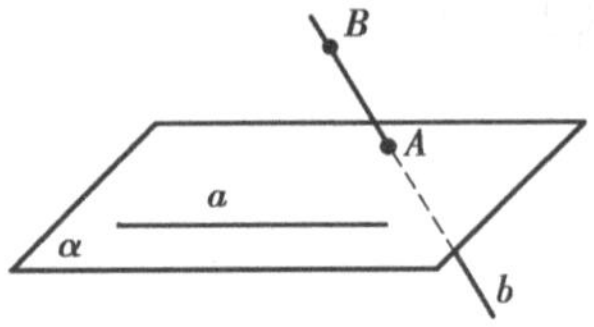	如果 $a\subset\alpha$,$b\cap\alpha=A$,且 $A\notin a$,则 a 与 b 是异面直线

【水平一练习】

一、填空题

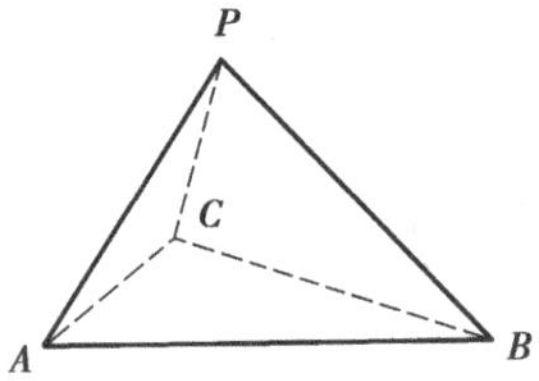

1. 如图所示,在空间图形 $P-ABC$ 中,与棱 AB 和 AP 所在直线共面的直线是________.
2. 如上题图所示,在空间图形 $P-ABC$ 中,与棱 AB 所在的直线异面的直线是________.
3. 命题"如果两条直线没有公共点,则这两条直线平行或异面"是一个________命题.(填"真"或"假")
4. 命题"如果直线 a 与直线 b 平行,直线 l 与直线 a 相交,那么直线 l 也与直线 b 相交"是一个________命题.(填"真"或"假")
5. 命题"没有公共点的两条直线是平行直线"是一个________命题.(填"真"或"假")
6. 空间两条异面直线所成的角的范围是________.

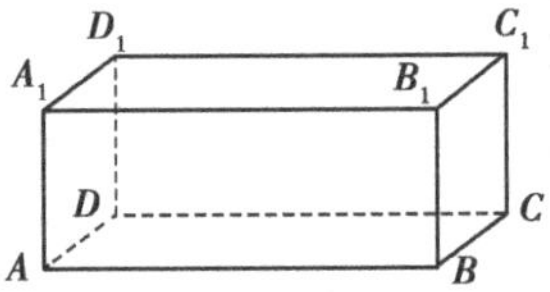

7. 如图所示,在长方体 $ABCD-A_1B_1C_1D_1$ 中,与 A_1C 所在的直线共面的直线是________.
8. 已知直线 $a//b$,且直线 c 与 a,b 都异面,如果直线 c 与直线 a 所成的夹角为 $50°$,则直线 c 与直线 b 所成的夹角是________.

二、选择题

1. 若直线 l 分别与直线 m 和直线 n 异面,则直线 m 和 n 的位置关系是(　　).

A. 相交　　B. 平行

C. 异面　　D. 相交或平行或异面

2. 已知直线 a 与直线 b 是异面直线,且 $a\subset\alpha$,则(　　).

A. $b\notin\alpha$　　B. $b\not\subset\alpha$

C. $b\subset\alpha$　　D. b 与 α 有且只有一个公共点

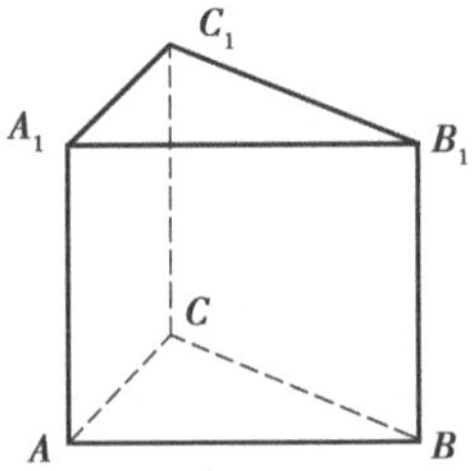

3. 如图所示,在直棱柱 $ABC-A_1B_1C_1$ 中,与棱 A_1A 异面且垂直的棱是(　　).

A. BC 和 B_1C_1　　B. C_1C 和 B_1B

C. AC 和 A_1C_1　　D. AB 和 A_1B_1

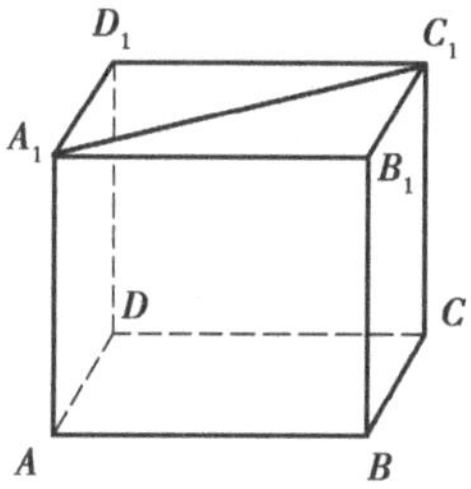

4. 如图所示，在正方体 $ABCD-A_1B_1C_1D_1$ 中，异面直线 A_1B_1 与 C_1C 所成的角是(　　).

A. 30°　　B. 45°

C. 60°　　D. 90°

5. 如上题图所示，异面直线 A_1C_1 与 BC 所成的夹角是(　　).

A. 30°　　B. 45°

C. 60°　　D. 90°

【水平二练习】

一、填空题

1. 如图所示，在直三棱柱 $ABC-A_1B_1C_1$ 中，判断下列各组棱与所在直线之间的位置关系.

(1) A_1A 与 BC 的位置关系是________；

(2) A_1C_1 与 AB 的位置关系是________；

(3) A_1C_1 与 AC 的位置关系是________；

(4) A_1A 与 AB 的位置关系是________.

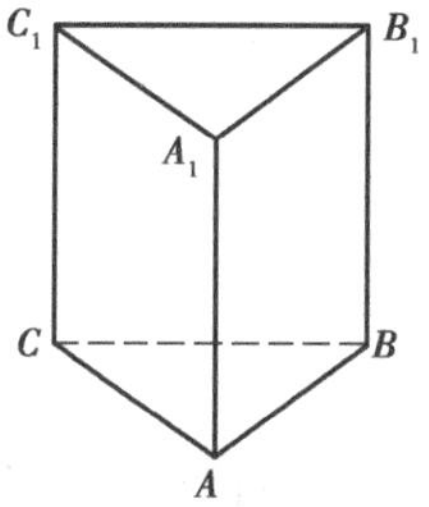

题 1 图

2. 如图所示，在正方体 $ABCD-A_1B_1C_1D_1$ 中，则棱 BC 与棱 A_1D 所成的角是________.

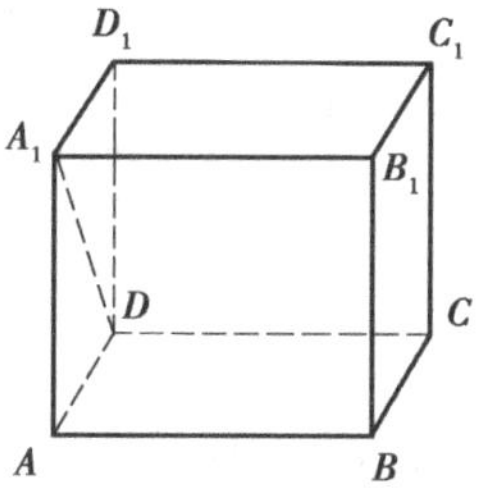

题 2 图

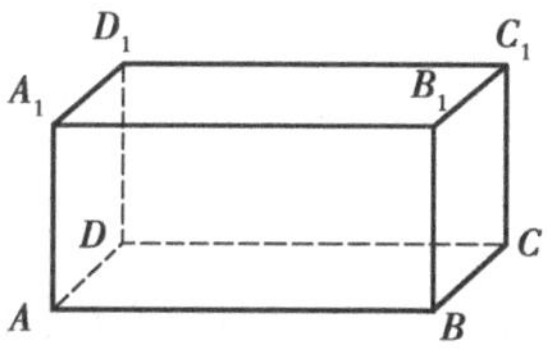

题 3 图

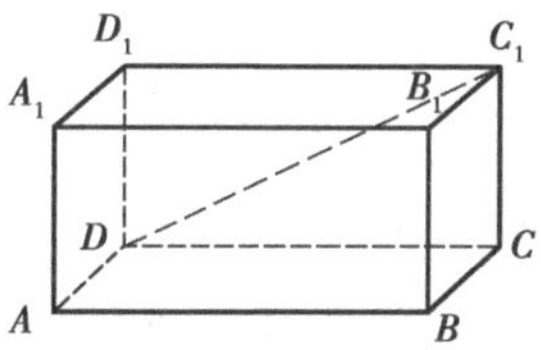

题 4 图

3. 如图所示，在长方体 $ABCD-A_1B_1C_1D_1$ 中，则棱 D_1D 与棱 AB 所成的角是________.

4. 如图所示，在长方体 $ABCD-A_1B_1C_1D_1$ 中，异面直线 DC_1 和 BC 的位置关系是________.(填“垂直”或“不垂直”)

5. 如图所示，在正方体 $ABCD-A_1B_1C_1D_1$ 中，异面直线 D_1A 与 DB 所成的角是________.

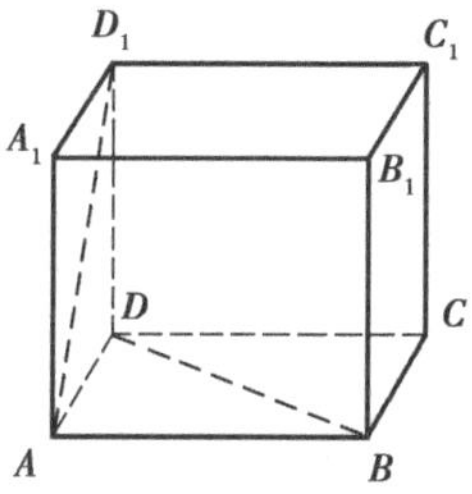

题 5 图

二、解答题

1. 如图所示,在长方体 $ABCD-A_1B_1C_1D_1$ 中,找出与棱 AB 异面的所有棱.

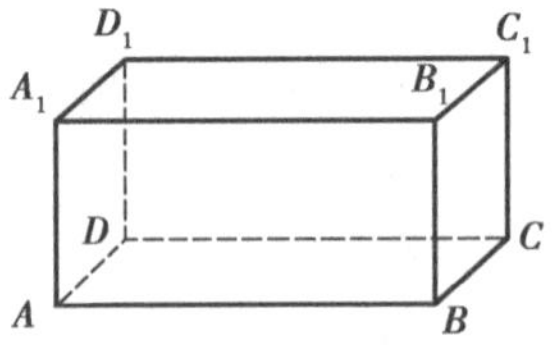

2. 如图所示,在长方体 $ABCD-A_1B_1C_1D_1$ 中,

(1)找出与 A_1B_1 平行的棱;

(2)与 A_1C 异面的棱.

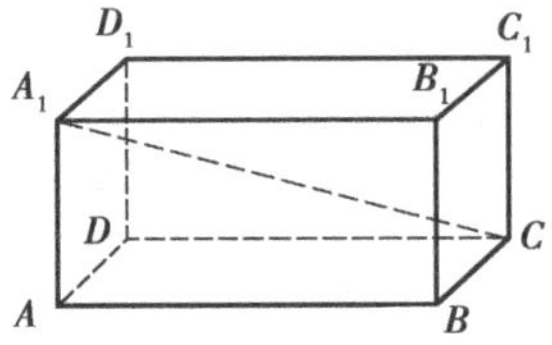

3. 如图所示,在正方体 $ABCD-A_1B_1C_1D_1$ 中,(1)指出哪些棱所在的直线与直线 A_1B 是异面直线;(2)求异面直线 A_1B 与 DC 所成的角.

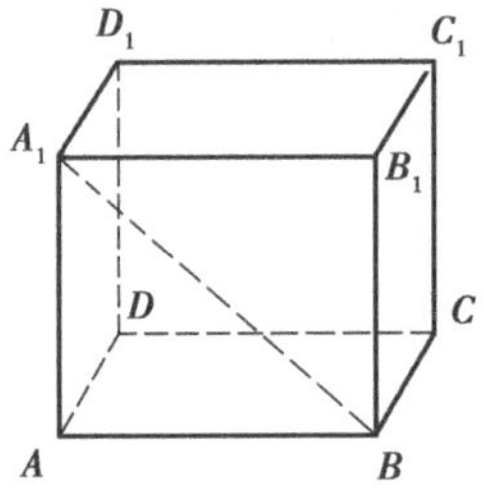

【综合练习】

1. 如图所示,在四面体 $ABCD$ 中,E,F 分别是 AD,BD 上的点,且 $EF//AB$,求证:AC 与 EF 是异面直线.

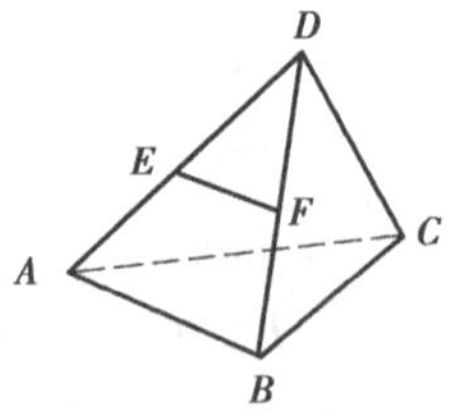

2. 如图所示，已知在三棱锥 $P-ABC$ 中，D 是底面 $\triangle ABC$ 的边 BC 的中点，且 $AB=AC$，$EF\subset$ 平面 PBC，$EF//BC$，求证：$AD\perp EF$.

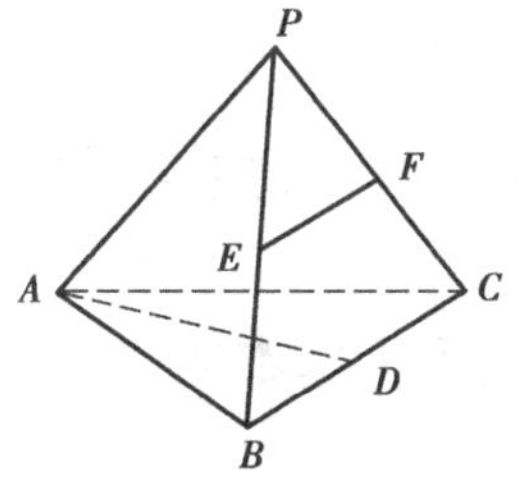

3. 如图所示，在长方体 $ABCD-A_1B_1C_1D_1$ 中，$AD=AA_1=\frac{1}{2}AB$，$AA_1\perp AC$.

(1)证明：$\angle AA_1C$ 是异面直线 BB_1 与 A_1C 所成的角；

(2)求 $\cos\angle AA_1C$ 的值.

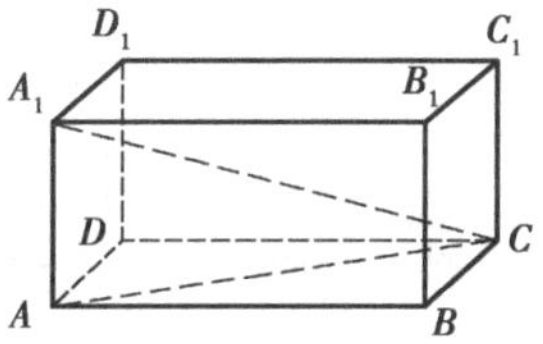

【反思笔记】

(描述易错点、易混点、难点等)

6.3 直线与平面的位置关系

6.3.1 直线与平面平行

【基本概念】

名称	概念	图形及数学符号表示
直线在平面内	直线与平面有无数个公共点	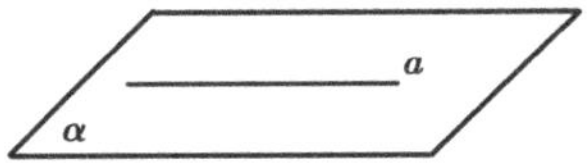 $a\subset\alpha$
直线与平面相交	直线与平面有且只有一个公共点	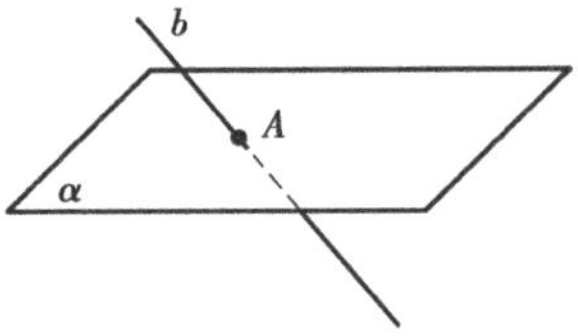 $b\cap\alpha=A$
直线与平面平行	直线与平面没有公共点	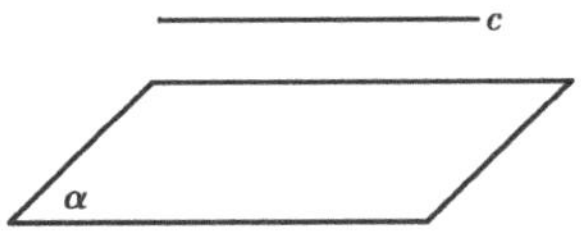 $a//\alpha$

公理、定理、推论	图形	数学符号表示
判定定理:如果平面外一条直线与此平面内的一条直线平行,那么这条直线与此平面平行	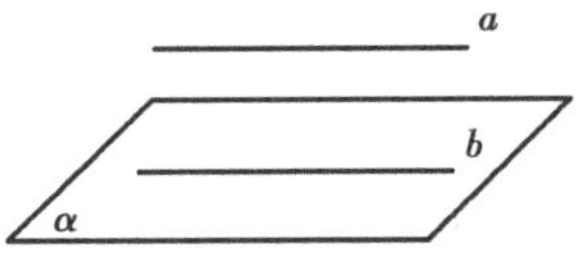	$b\subset\alpha$,$a\not\subset\alpha$,且 $a//b\Rightarrow a//\alpha$
性质定理:如果一条直线与一个平面平行,那么经过这条直线的任一平面与此平面的交线与该直线平行	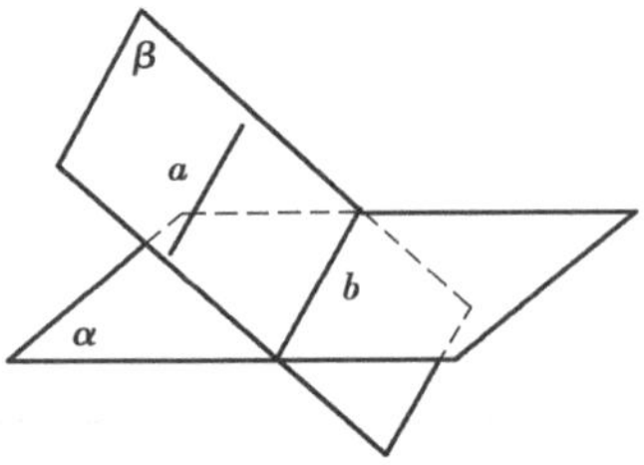	$a//\alpha$,$a\subset\beta$,且 $\alpha\cap\beta=b\Rightarrow a//b$

【水平一练习】

一、填空题

1. 如图所示，桥上某些线条形设施设备所在直线与桥面存在不同的位置关系，这些位置关系分别是________.

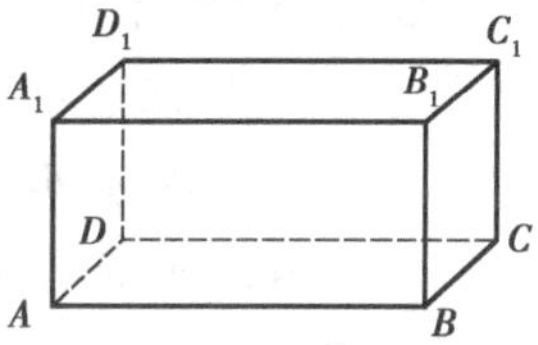

2. 如图所示，在长方体 $ABCD-A_1B_1C_1D_1$ 中，

(1) 棱 AA_1 所在直线与平面 B_1C 的位置关系是________，记作：________；

(2) 棱 AA_1 所在直线与平面 A_1C_1 的位置关系是________，记作：________；

(3) 棱 AA_1 所在直线与平面 A_1D 的位置关系是________，记作：________.

3. 命题“如果一条直线与一个平面没有公共点，那么该直线与此平面平行.”是一个________命题.（填“真”或“假”）

4. 命题“如果一条直线与一个平面有交点，那么该直线一定在这个平面内.”是一个________命题.（填“真”或“假”）

5. 命题“如果直线 l 在平面 α 外，那么直线 l 平行于平面 α 或直线 l 与平面 α 有且只有一个交点”是一个________命题.（填“真”或“假”）

二、选择题

1. 若直线 l 与平面 α 有两个公共点，则直线 l 与平面 α 的位置关系是(　　).

A. 直线与平面相交　　B. 直线在平面内

C. 直线与平面平行　　D. 无法确定

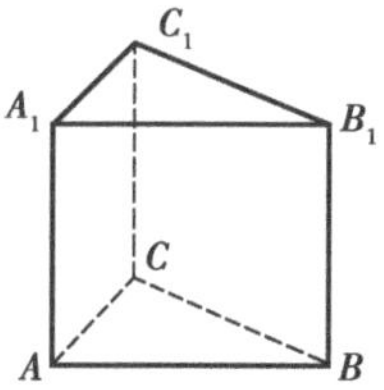

2. 如图所示，在直三棱柱 $ABC-A_1B_1C_1$ 中，棱 AA_1 所在直线与平面 B_1C 的位置关系是(　　).

A. 在平面内　　B. 相交

C. 平行　　D. 无法确定

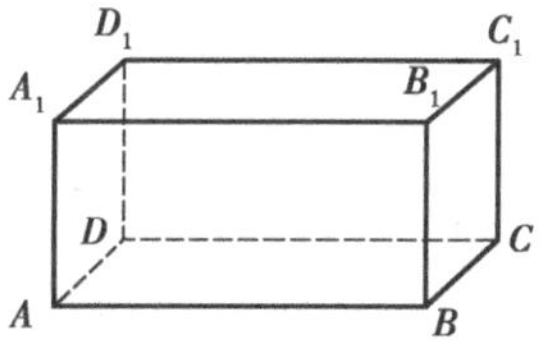

3. 如图所示，在长方体 $ABCD-A_1B_1C_1D_1$ 的六个平面中，与棱 BB_1 所在直线平行的平面有(　　).

A. 1 个　　B. 2 个

C. 3 个　　D. 4 个

4. 如果直线 l 与平面 α 平行，且 $l//m$，则直线 m 与平面 α 的位置关系是(　　).

A. 在平面内　　B. 平行

C. 相交　　D. 在平面内或与平面平行

【水平二练习】

一、填空题

1. 如果一条直线 n 不平行于平面 β 内的任意一条直线,那么这条直线 n 与平面 β ________.(填“平行”或“不平行”)

2. 如图所示,在长方体 $ABCD-A_1B_1C_1D_1$ 中,因为 $B_1C_1//BC$,且 $BC\subset$平面 AC,所以 B_1C_1 ________平面 AC.

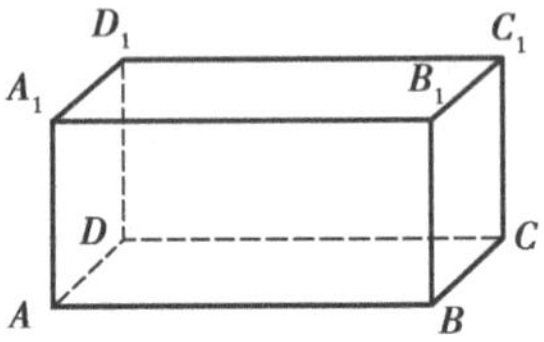

3. 如果平面 α 外一条直线 l 与它平行,那么经过直线 l 的平面 β 与平面 α 有________条交线,这些交线的位置关系是________.

4. 直线 l 与平面 α 平行,另一条直线 m 也与平面 α 平行,则直线 l 与直线 m 的位置关系是________.

二、解答题

1. 如图所示,在长方体 $ABCD-A_1B_1C_1D_1$ 中,

(1)找出在平面 AC 内的棱;

(2)找出与平面 AC 平行的棱.

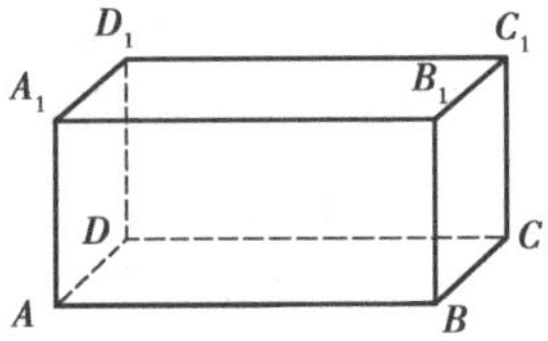

2. 如图所示,在四面体 $ABCD$ 中,E,F 分别是 AD,BD 的中点,求证:$EF//$平面 ABC.

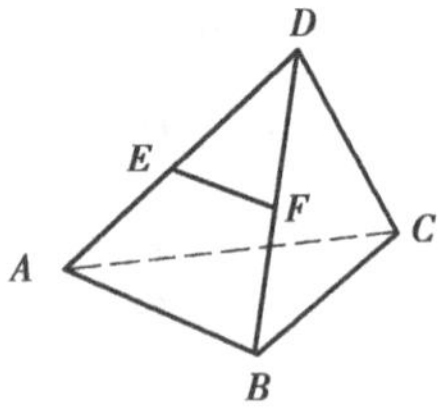

【综合练习】

1. 如图所示,在长方体 $ABCD-A_1B_1C_1D_1$ 中,求证 A_1B//平面 D_1C.

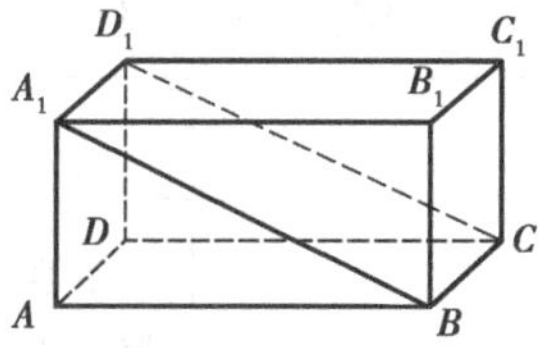

2. 如图所示,在空间四边形 $ABCD$ 中,E,F,G,H 分别是 AB,AC,CD,BD 的中点.

(1)求证:E,F,G,H 四点共面;

(2)求证:直线 BC//平面 EG.

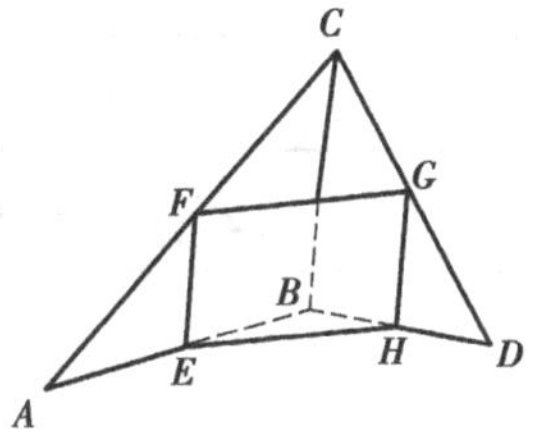

【反思笔记】

(描述易错点、易混点、难点等)

6.3.2　直线与平面垂直

【基本概念】

名称	概念	图形及数学符号表示
直线与平面垂直	一条直线 l 与平面 α 内的____一条直线都垂直,称直线 l 与平面 α 互相垂直. 直线 l 称为平面 α 的垂线; 平面 α 称为直线 l 的垂面; 交点称为垂足; 垂线上任何一点到垂足的线段称为垂线段	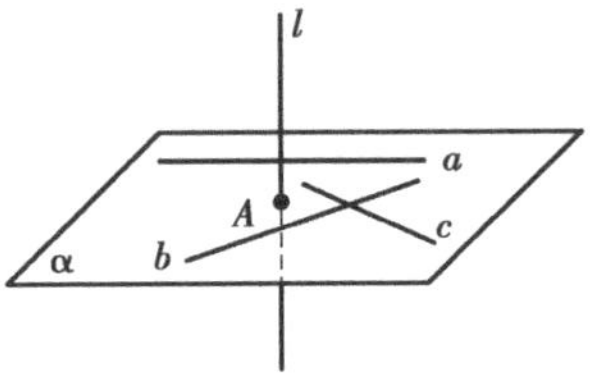 $l\perp\alpha$

公理、定理、推论	图形	数学符号表示
判定定理:如果一条直线和一个平面内的两条相交直线都________,那么这条直线垂直于这个平面	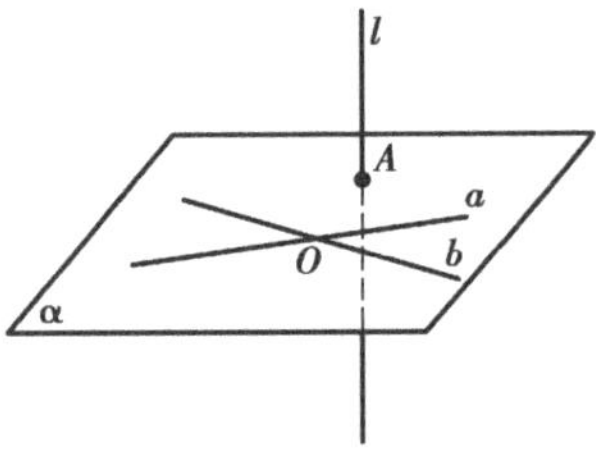	若 $l\perp a$,$l\perp b$,且 $a\subset\alpha$,$b\subset\alpha$,$a\cap b=O$,则 $l\perp\alpha$
推论:如果在一组平行线中,有一条直线垂直于平面,那么另外的直线也垂直于平面	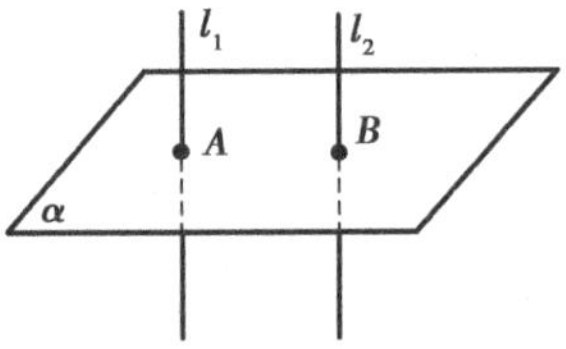	若 $l_1\perp\alpha$,$l_1//l_2$,则 $l_2\perp\alpha$
性质定理:如果两条直线都垂直于一个平面,那么这两条直线平行	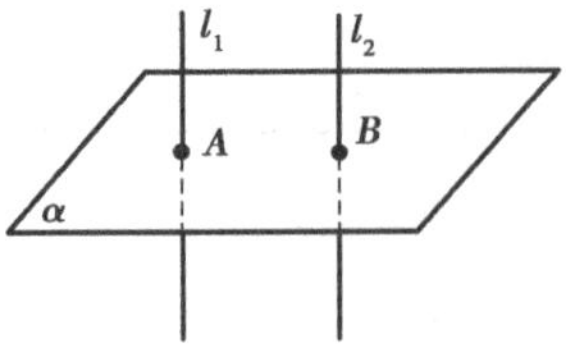	若 $l_1\perp\alpha$,$l_2\perp\alpha$,则 $l_1//l_2$

【水平一练习】

一、填空题

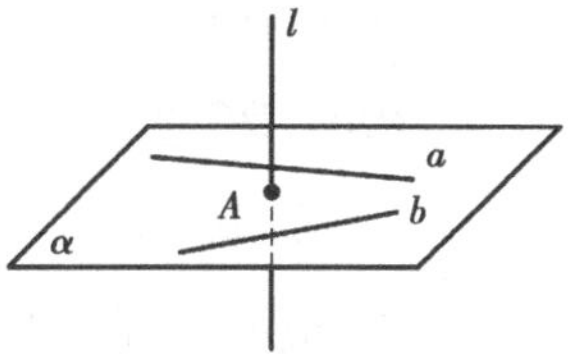

1. 如图所示,平面 α 内有两条不平行的直线 a 和 b,如果直线 $l\perp a$,且 $l\perp b$,则 l ________ α.

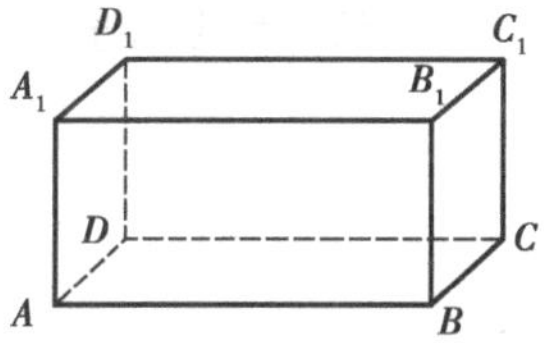

2. 如图所示,在长方体 $ABCD-A_1B_1C_1D_1$ 中,$AA_1\perp AB$ 且 $AA_1\perp AD$,则 AA_1 ________平面 AC.
3. 命题“如果一条直线垂直于平面内无数条直线,那么该直线垂直于平面.”是一个________命题.(填“真”或“假”)
4. 命题“如果一条直线垂直于平面,那么该直线垂直于平面内任何一条直线.”是一个________命题.(填“真”或“假”)
5. 命题“如果 $l\subset\alpha,m\subset\alpha$,且 $n\perp l,n\perp m$,那么 $n\perp\alpha$.”是一个________命题.(填“真”或“假”)

二、选择题

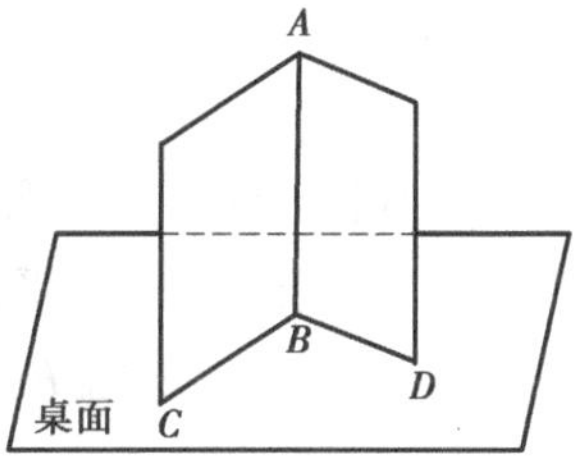

1. 如图所示,将一本书打开后置于桌面上,书脊为 AB,书下底边为 BC 和 BD,则下列说法不正确的是(　　).

A. AB 垂直于桌面　　B. $AB\perp BC$

C. $AB\perp BD$　　D. $BC\perp BD$

2. 直线 l_1 与直线 l_2 平行,如果直线 l_1 与平面 α 垂直,那么直线 l_2 与平面 α(　　).

A. 平行　　B. 垂直　　C. 在平面内　　D. 相交不垂直

3. 如果两条不重合的直线都垂直于同一个平面,则这两条直线的位置关系是(　　).

A. 平行　　B. 相交

C. 异面　　D. 以上情况都可能

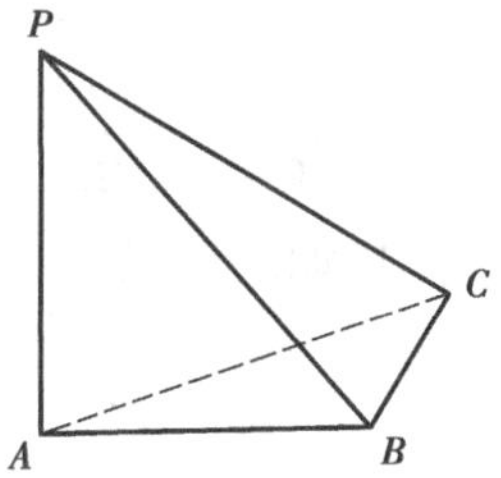

4. 如图所示,在四面体 $P-ABC$ 中,$PA\perp$ 平面 ABC,则异面直线 PA 与 BC 所成的角是(　　).

A. $30°$　　B. $45°$

C. $60°$　　D. $90°$

【水平二练习】

一、填空题

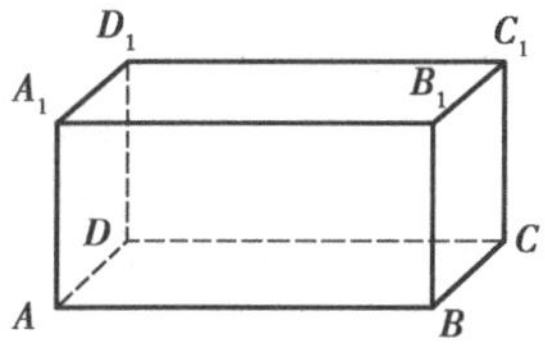

1. 如图所示,在长方体 $ABCD-A_1B_1C_1D_1$ 中,棱 AA_1 与 AC 的夹角是________.
2. 如上题图所示,在长方体 $ABCD-A_1B_1C_1D_1$ 中,棱 DC 与 AD_1 所成的角是________.

3. 在四棱锥 $P-ABCD$ 中,如图所示,$PA\perp$ 平面 AC,则 PA ________ BD.

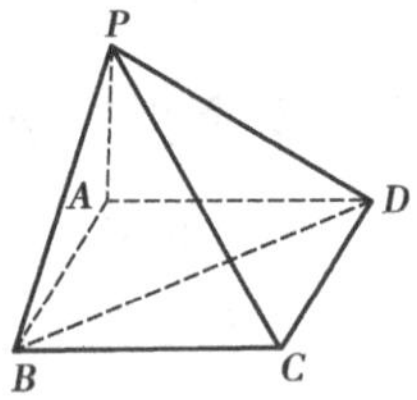

4. 如上题图所示,如果 $DC\perp PC$,$DC\perp BC$,则 DC ________ 平面 PBC,DC ________ PB.

二、解答题

1. 如图所示,某学校将在校园一平台外安装升国旗的旗杆,请你设计一个安装方案:将旗杆与地面垂直安装,并说明设计理由.

2. 如图所示,在四面体 $P-ABC$ 中,$PA=PB$,$AC=BC$,D 为 AB 的中点.

(1)求证:$AB\perp$ 平面 PCD;

(2)求证:$AB\perp PC$.

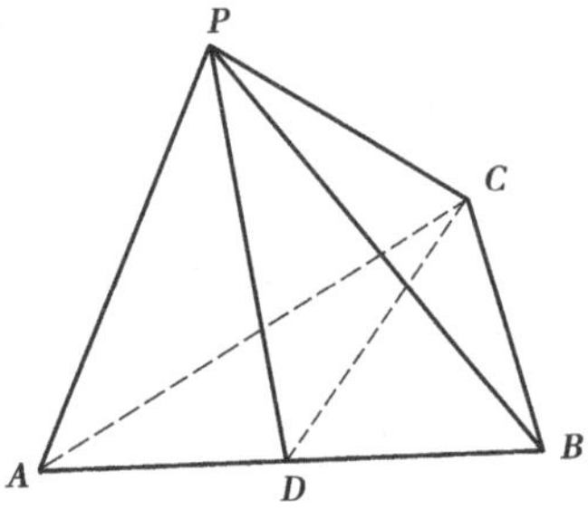

【综合练习】

1. 如图所示,在正方体 $ABCD-A_1B_1C_1D_1$ 中,求证:$A_1C\perp DB$.

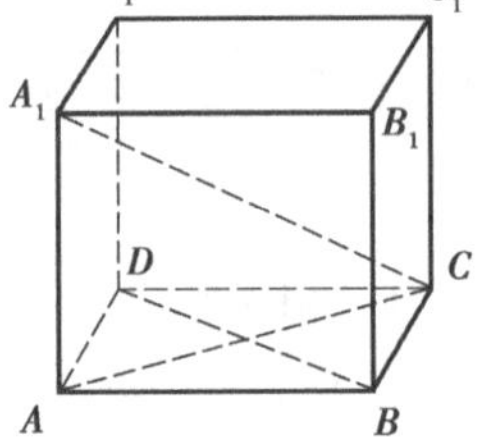

2. 如图所示，$\alpha\cap\beta=DE$，$AB\perp\alpha$ 于 B，$AC\perp\beta$ 于 C，$a\subset\beta$，$a//DE$.

(1)求证：$DE\perp$ 平面 ABC.

(2)求证：$a\perp BC$.

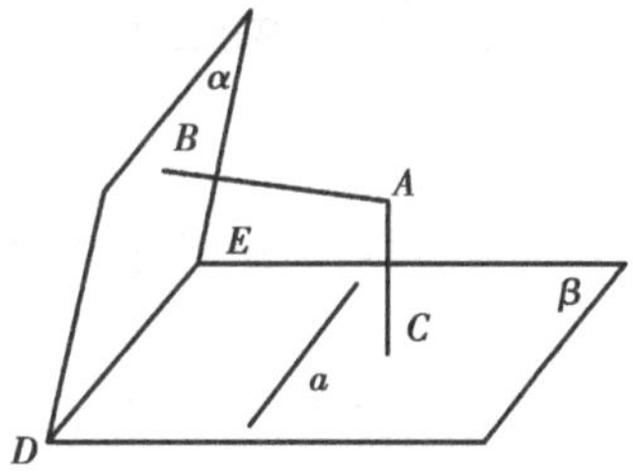

【反思笔记】

(描述易错点、易混点、难点等)

6.3.3　直线与平面所成的角

【基本概念】

名称	概念	图形及数学符号表示
直线与平面相交(不垂直)	一条直线与平面相交不垂直，则称这条直线为平面的斜线，斜线与平面的交点 A 称为斜足，斜线上一点与斜足之间的线段称为斜线段，过斜线上斜足以外的任意一点向平面作垂线，过垂足与斜足的直线称为斜线在平面内的射影. 斜线和它在平面内的射影所成的锐角称为这条直线与平面所成的角. 斜线与平面所成的角的范围是$(0°,90°)$； 直线与平面所成的角的范围是$[0°,90°]$	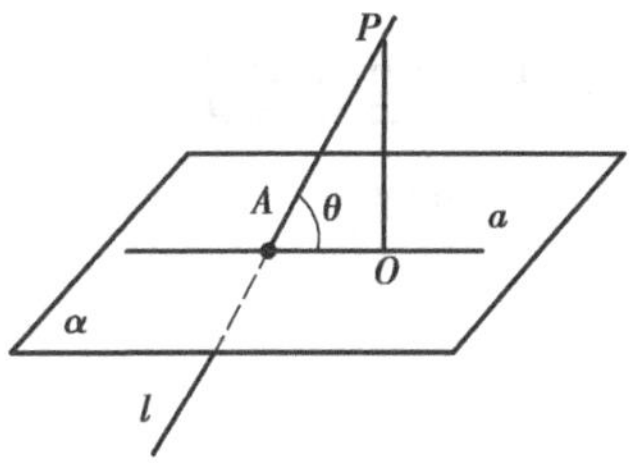 $l\cap\alpha=A$，$PO\perp\alpha$ 于 O，$\angle PAO$ 为直线与平面所成的角

【水平一练习】

一、填空题

1. 当直线 l 与平面 α 平行或在平面 α 内,则直线 l 与平面 α 所成的角的大小是________.

2. 当直线 l 与平面 α 垂直时,直线 l 与平面 α 所成的角的大小是________.

3. 当斜线 l 与平面 α 相交时,斜线 l 与平面 α 所成的角的范围是________.

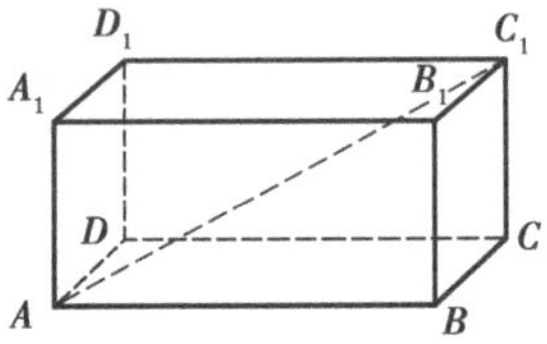

4. 如图所示,在长方体 $ABCD-A_1B_1C_1D_1$ 中,AC_1 与平面 AC 所成的角是________.

二、选择题

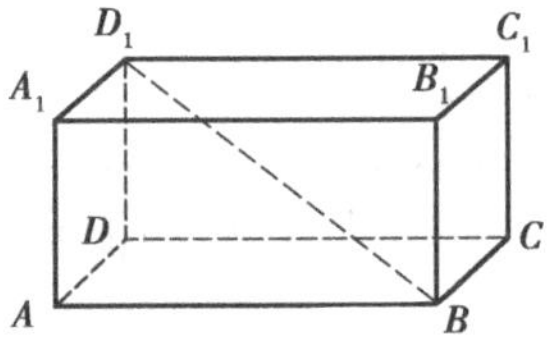

1. 如图所示,在长方体 $ABCD-A_1B_1C_1D_1$ 中,D_1B 与平面 AC 所成的角是(　　).

A. $\angle D_1BD$　　B. $\angle D_1DB$

C. $\angle D_1BB_1$　　D. $\angle BD_1B_1$

2. 如上题图所示,在长方体 $ABCD-A_1B_1C_1D_1$ 中,D_1B 与平面 B_1C 所成的角是(　　).

A. $\angle D_1BB_1$　　B. $\angle D_1C_1B$

C. $\angle D_1BC_1$　　D. $\angle BD_1C_1$

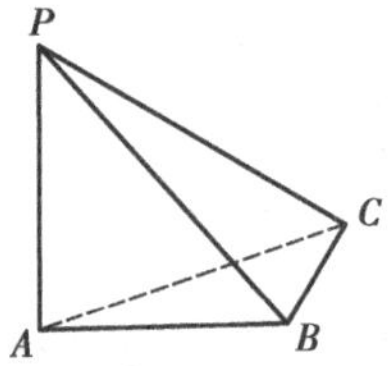

3. 如图所示,在四面体 $P-ABC$ 中,若 $PA\perp$ 平面 ABC,则 PC 与平面 ABC 所成的角是(　　).

A. $\angle PAC$　　B. $\angle PCA$

C. $\angle APC$　　D. $\angle PBA$

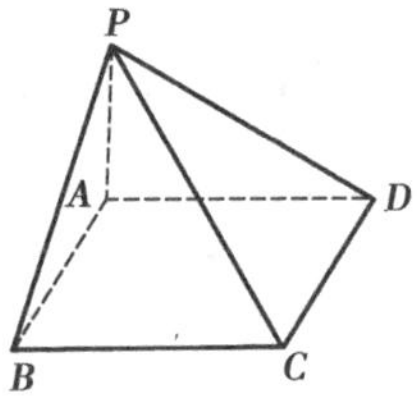

4. 如图所示,在四棱锥体 $P-ABCD$ 中,$PA\perp$ 平面 BD,则 PC 与平面 BD 所成的角是(　　).

A. $\angle APC$　　B. $\angle PAC$

C. $\angle PDA$　　D. $\angle PBA$

【水平二练习】

一、填空题

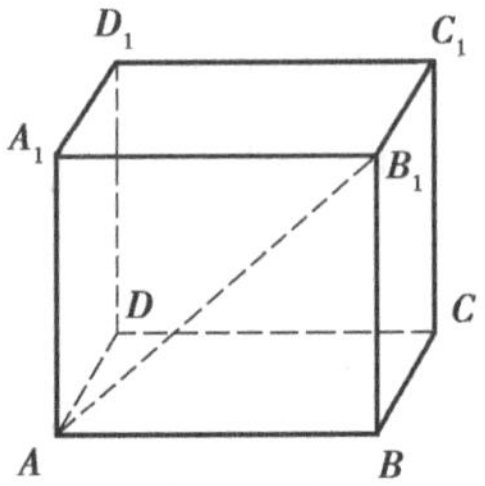

1. 如图所示,在正方体 $ABCD-A_1B_1C_1D_1$ 中,AB_1 与平面 AC 所成的角的大小是________.

2. 如上题图所示,在正方体 $ABCD-A_1B_1C_1D_1$ 中,B_1D 与平面 AC 所成的角的正切值是________.

3. 如图所示，在三棱锥 $P-ABC$ 中，$PA\perp$ 平面 ABC，$AB=3$，$PA=4$，则 PB 与平面 ABC 所成的角的正弦值是________.

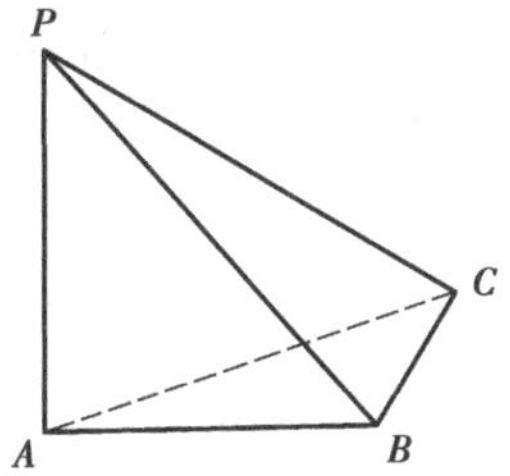

4. 如图所示，在正方体 $ABCD-A_1B_1C_1D_1$ 中，A_1C 与平面 AC 所成的角的正弦值是________.

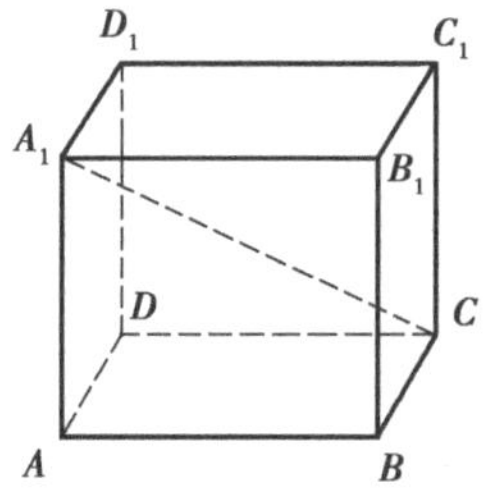

二、解答题

1. 如图所示，在长方体 $ABCD-A_1B_1C_1D_1$ 中，$AB=\sqrt{2}$，$BB_1=BC=1$，求 AC_1 与平面 AC 所成的角的大小.

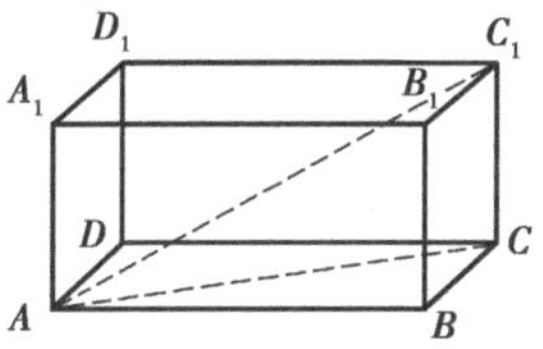

2. 如图所示，在长方体 $ABCD-A_1B_1C_1D_1$ 中，$AB=4$ 厘米，$BB_1=BC=2$ 厘米.

(1)求 B_1D 的长度；(2)求 B_1D 与平面 AC 所成角的正弦值.

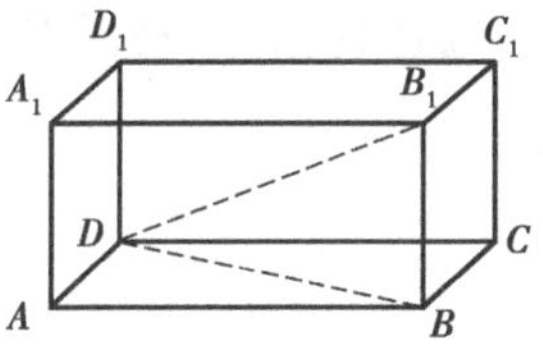

【综合练习】

1. 如图所示,斜线 l 与平面 α 交于点 A,在平面 α 内,经过点 A 的所有直线分别与斜线 l 相交形成角,在这些角中,最小的角和斜线与平面所成的角之间有何关系?

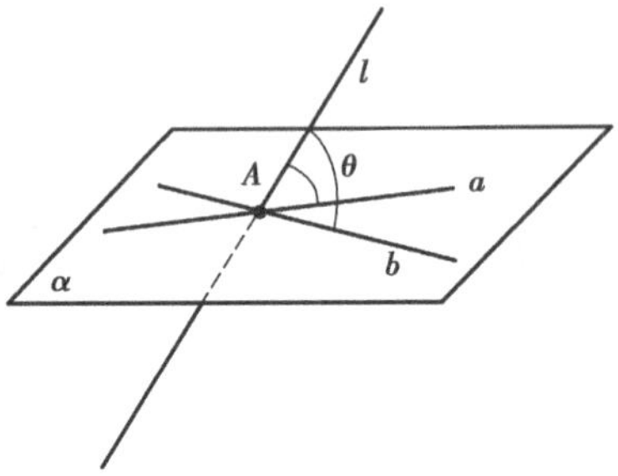

2. 如图所示,在正方体 $ABCD-A'B'C'D'$ 中,棱长为 2 米,求斜线 AC' 与平面 $ABCD$ 所成的角的余弦值.

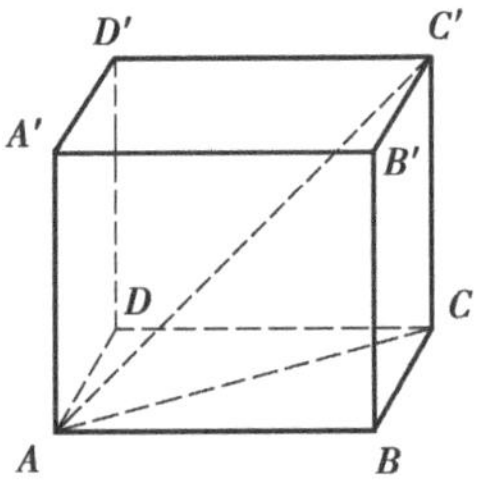

【反思笔记】

(描述易错点、易混点、难点等)

6.4　平面与平面的位置关系

6.4.1　平面与平面平行

【基本概念】

名称	概念	图形及数学符号表示
两个平面平行	如果两个平面没有公共点，则称两个平面________	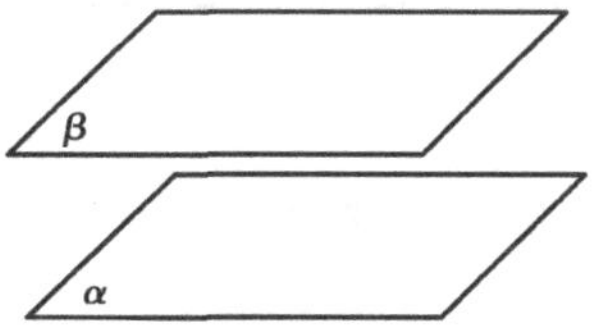 $\alpha /\!/ \beta$
两个平面相交	两个平面有且只有一条公共________，则称这两个平面相交	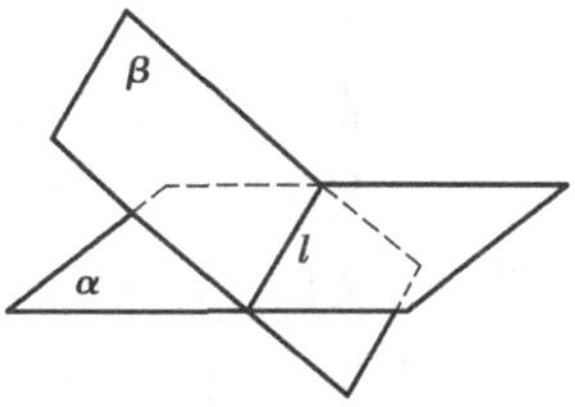 $\alpha \cap \beta = l$

公理、定理、推论	图形	数学符号表示
判定定理：如果一个平面内的两条相交直线都与另一个平面平行，那么这两个平面平行	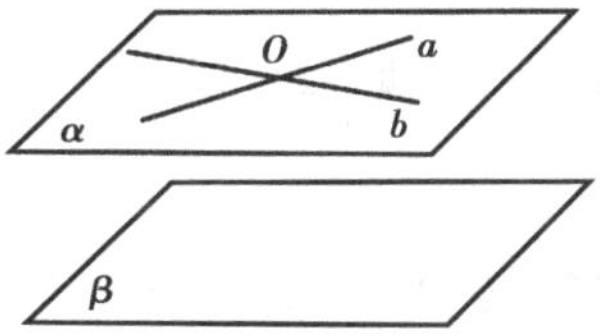	若 $a \subset \alpha, b \subset \alpha, a \cap b = O$，且 $a /\!/ \beta$，$b /\!/ \beta$，则 $\alpha /\!/ \beta$
推论：如果一个平面内的两条相交直线分别平行于另一个平面内的两条相交直线，那么这两个平面平行	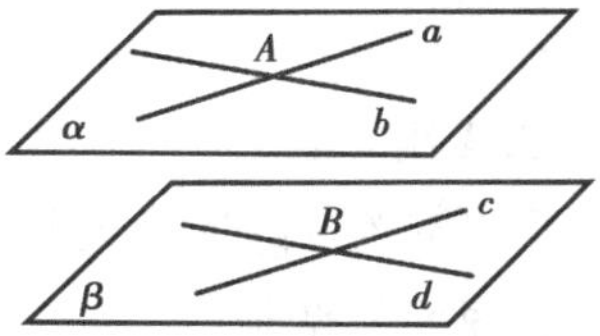	若 $a \subset \alpha, b \subset \alpha, a \cap b = A, c \subset \beta, d \subset \beta, c \cap d = B$，且 $a /\!/ c$，$b /\!/ d$，则 $\alpha /\!/ \beta$

续表

公理、定理、推论	图形	数学符号表示
性质定理:如果两个平行平面同时与第三个平面相交,那么它们的交线平行	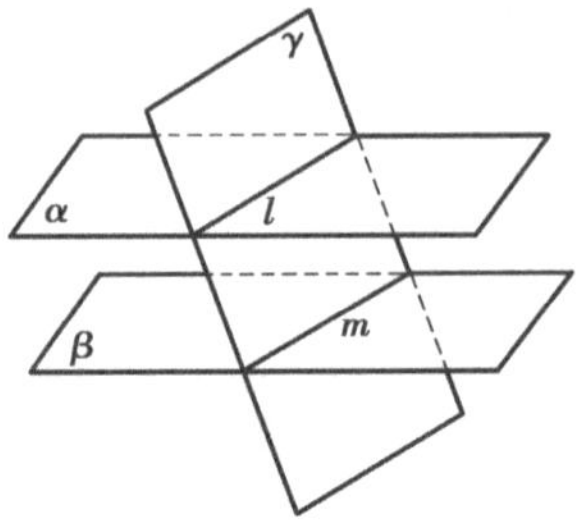	若 $\alpha // \beta$,且 $\alpha \cap r = l$,$\beta \cap r = m$,则 $l // m$

【水平一练习】

一、填空题

1. 平面与平面的位置关系只有________和________两种.
2. 如图所示,在教室里,黑板面与某一书桌面的位置关系是________,某一书桌面与教室天花板面的位置关系是________,天花板面与教室地面的位置关系是________.
3. 如图所示,在长方体 $ABCD-A_1B_1C_1D_1$ 中,

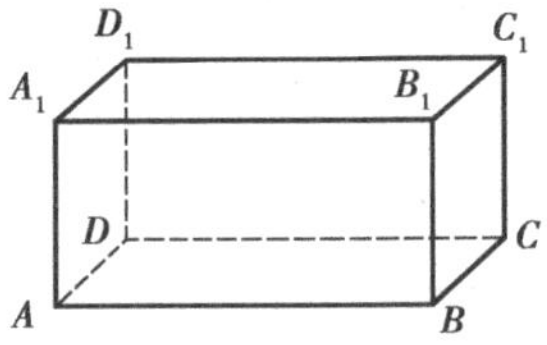

(1) 平面 A_1B 与平面 B_1C 的位置关系是________,记作:________;

(2) 平面 A_1B 与平面 D_1C 的位置关系是________,记作:________.

4. 如 2 题图所示,黑板面分别与教室天花板面和地面有两条交线,这两条交线的位置关系是________.
5. 如果平面 $\alpha // \beta$,直线 $l \subset \alpha$,那么直线 l 与平面 β 的位置关系是________.

二、选择题

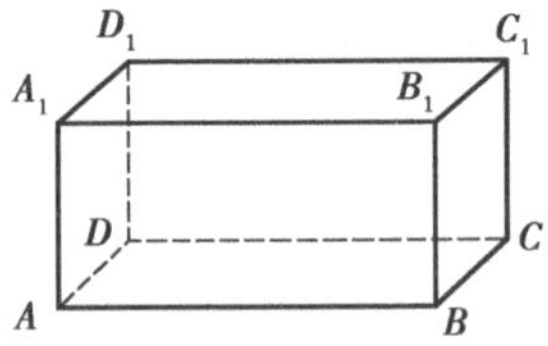

1. 如图所示,在长方体 $ABCD-A_1B_1C_1D_1$ 中,平行平面共有(　　).

A. 1 组　　B. 2 组

C. 3 组　　D. 4 组

2. 如图所示,用刀切开千层蛋糕后,蛋糕的切面会出现平行的线条,解释此现象的数学理论依据是(　　).

A. 如果平面平行,那么平面内的直线平行

B. 如果平面内有直线平行,那么其所在平面平行

C. 如果一个平面分别与平行平面相交,那么它们的交线平行

D. 因为是用刀竖直向下切千层蛋糕

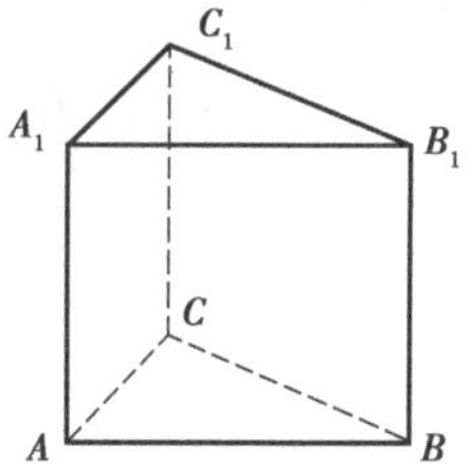

3. 如图所示,在五面体 $ABC-A_1B_1C_1$ 中,如果 $AB//A_1B_1$,且 $AC//A_1C_1$,平面 ABC 与平面 $A_1B_1C_1$(　　).

A. 平行　　　　B. 相交

C. 平行或相交　　　　D. 无法确定

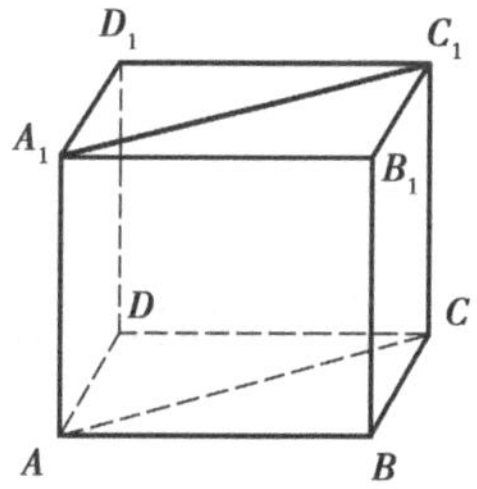

4. 如图所示,在正方体 $ABCD-A_1B_1C_1D_1$ 中,线段 A_1C_1 与 AC 的位置关系是(　　).

A. 相交　　　　B. 平行

C. 异面　　　　D. 无法确定

【水平二练习】

一、填空题

1. 重直于同一条直线的两个平面的位置关系是________.

2. 一个平面内的一条直线与另一个平面内的另一条直线平行,那么这两个平面的位置关系是________.

3. 如果一个平面有两条直线与另一个平面平行,那么这两个平面________平行.(填"一定"或"不一定")

4. 两个平行平面与另两个平行平面分别相交,所有的交线都互相________.

5. 已知平面 $\alpha//$平面 β,且直线 $l\subset\alpha$,则 l ________ β.

二、解答题

1. 如图所示,在三棱锥 $P-ABC$ 中,$DF//AB$,$EF//BC$,求证:平面 $DEF//$平面 ABC.

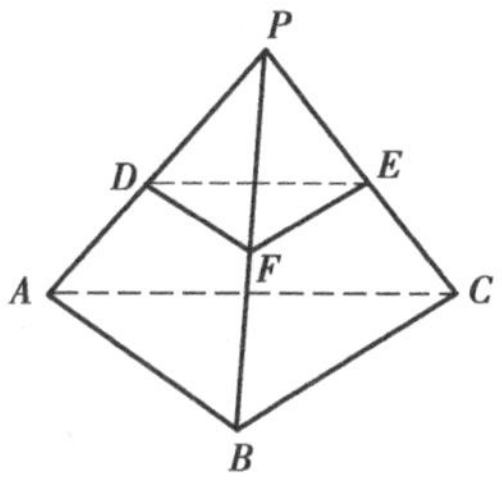

2. 如图所示,平面 $\alpha//$平面 β,$AC\subset\alpha$,$BD\subset\beta$,$AB//CD$,求证:$AB=CD$.

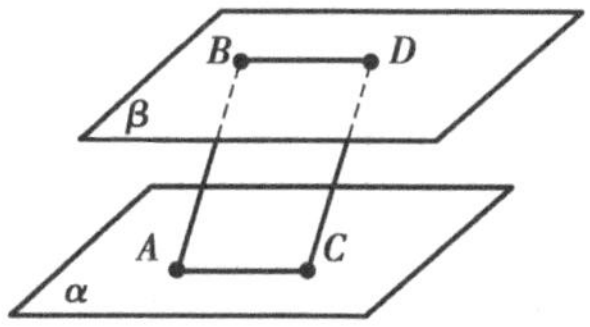

【综合练习】

1. 如图所示,在长方体 $ABCD-A_1B_1C_1D_1$ 中,求证:平面 A_1BD//平面 D_1B_1C.

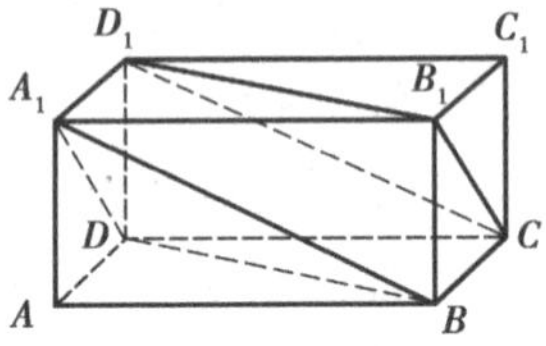

2. 如图所示, $OD=\frac{1}{2}OC$, $OE=\frac{1}{2}OA$, $OF=\frac{1}{2}OB$,求证:平面 DEF//平面 ABC.

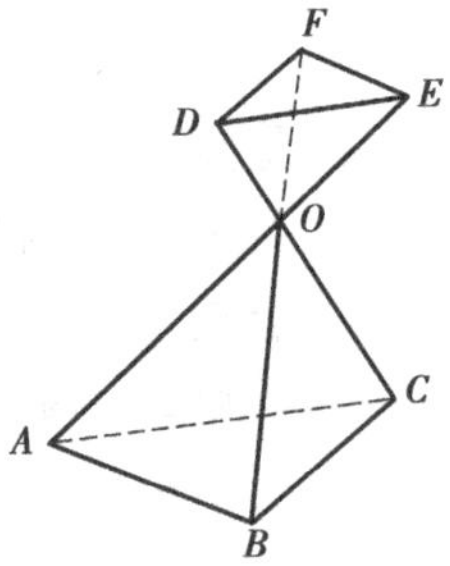

3. 如图所示,已知四棱锥 $P-ABCD$ 的底面是平行四边形,E,F 分别是 BC,PD 的中点,求证:EF//平面 PAB.

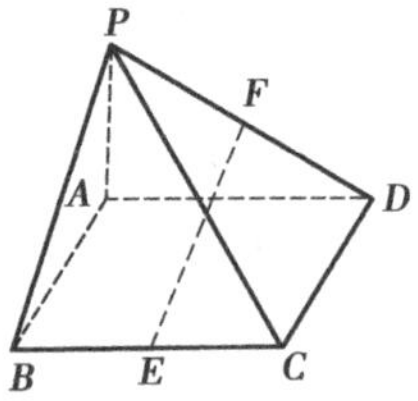

【反思笔记】

(描述易错点、易混点、难点等)

6.4.2　二面角

【基本概念】

名称	概念	图形及数学符号表示
二面角相关概念	平面内的一条直线把一个平面分成了两部分,每一部分称为一个半平面;从一条直线出发的两个半平面所组成的图形称为二面角,这条直线称为二面角的棱,这两个半平面称为二面角的面	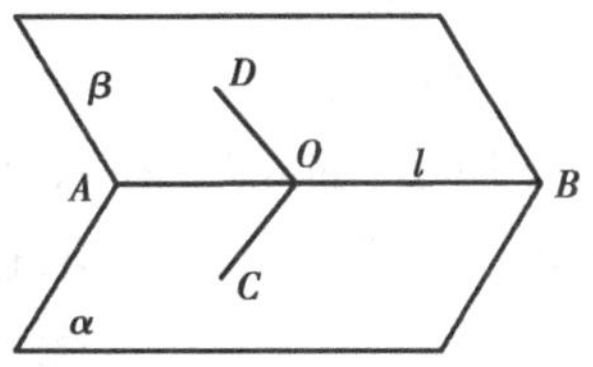 二面角 $\alpha-AB-\beta$ 或二面角 $\alpha-l-\beta$ 或二面角 $C-l-D$ 或二面角 $C-AB-D$
二面角的平面角	在二面角 $\alpha-l-\beta$ 的棱 l 上任取一点 O,以点 O 为垂足,在半平面 α 和半平面 β 内分别作垂直于棱的两条射线 OC、OD,这两条射线所组成的 $\angle COD$ 称为二面角的平面角. 当二面角的平面角 $\angle COD=90°$ 时,这个二面角称为直二面角	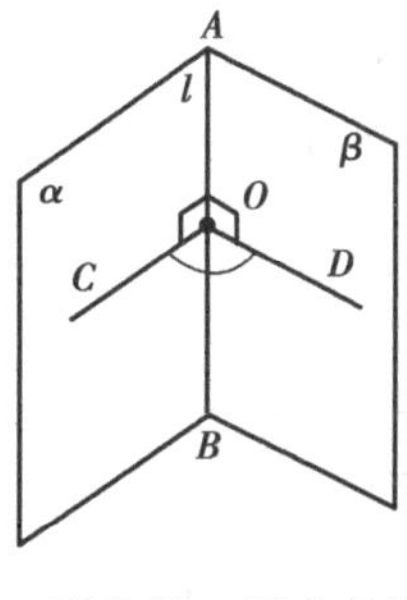 $\angle COD$ 为二面角的平面角 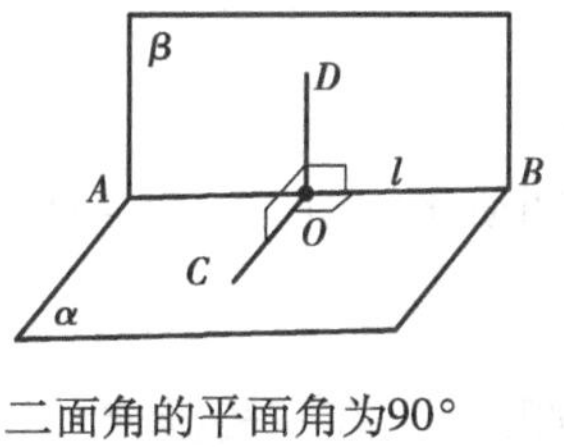 二面角的平面角为90°

续表

名称	概念	图形及数学符号表示
二面角的平面角的范围	二面角的范围是[0°,180°]; 当二面角的两个半平面重合时,二面角的大小为0°; 当二面角的两个半平面合成一个平面时,二面角的大小为180°	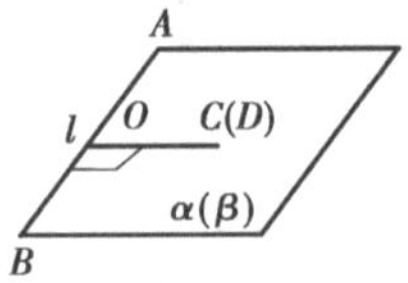 二面角的大小为0° 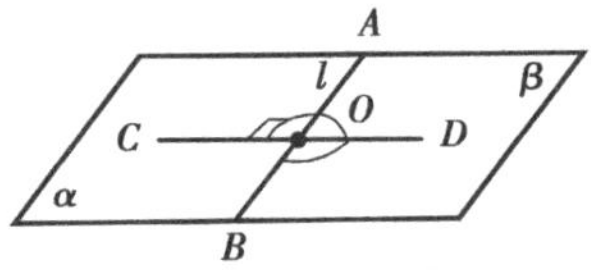 二面角的大小为180°

【水平一练习】

一、填空题

题 1 图

1. 如图所示,翻开一本书,你会发现每两页纸所在平面形成的二面角的大小不同,这些二面角中最小的平面角是________,最大的平面角是________.
2. 如图所示,在长方体 $ABCD-A_1B_1C_1D_1$ 中,二面角 A_1-AD-B 的平面角是________,平面角的大小是________;
3. 如图所示,在正方体 $ABCD-A_1B_1C_1D_1$ 中,二面角 A_1-BC-A 的平面角是________,平面角的大小是________;

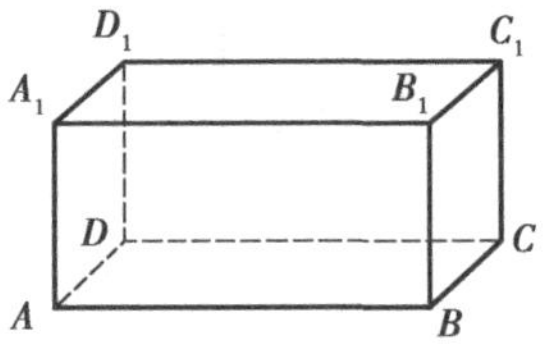

题 2 图

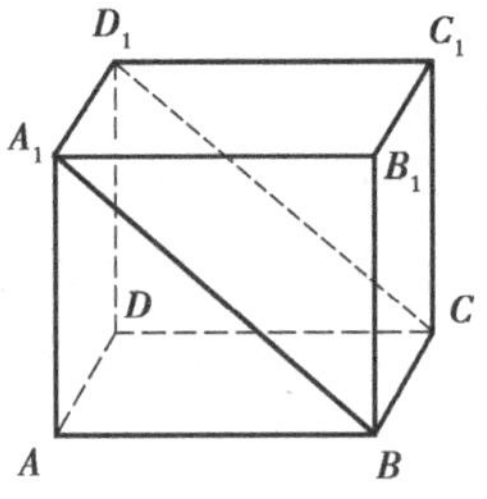

题 3 图

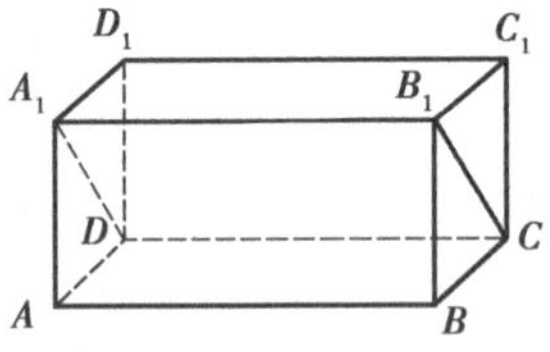

题 4 图

4. 如图所示,二面角 A_1-DC-A 的大小是50°,则 $\angle B_1CB=$________.

二、选择题

1. 如图所示,在三棱锥 $P-ABC$ 中,$PA\perp$ 平面 ABC,$PD\perp BC$,$AD\perp BC$,二面角 $P-BC-A$ 的平面角是(　　).

A. $\angle PBA$　　B. $\angle APD$　　C. $\angle PDA$　　D. $\angle PCA$

2. 如图所示，二面角 B_1-AD-B 的平面角是(　　).

A. 锐角　　B. 直角　　C. 钝角　　D. 平角

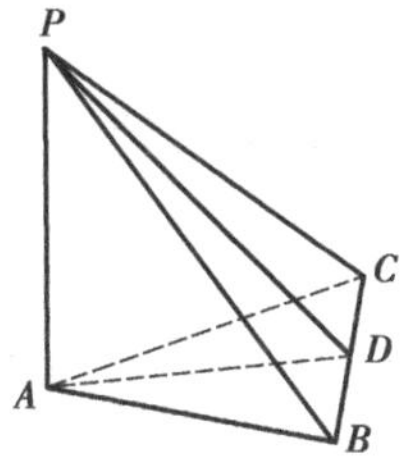

题 1 图

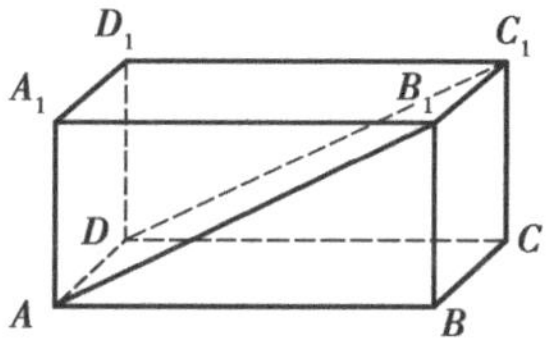

题 2 图

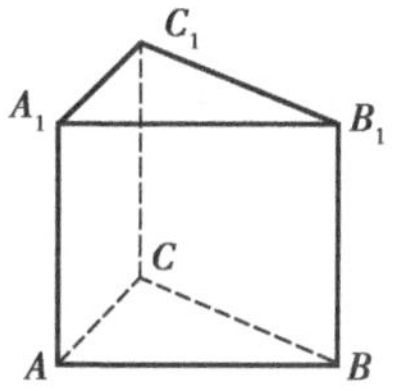

题 3 图

3. 如图所示，在直三棱柱 $ABC-A_1B_1C_1$ 中，二面角 B_1-BC-A 的大小是(　　).

A. $30°$　　B. $45°$

C. $60°$　　D. $90°$

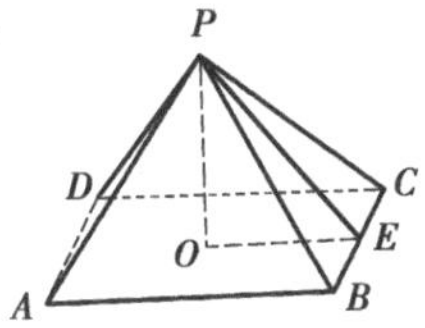

题 4 图

4. 如图所示，在正四棱锥 $P-ABCD$ 中，$PO\perp$ 平面 AC，$PE\perp BC$，$OE\perp BC$，且 $PO=OE$，则二面角 $P-BC-A$ 的大小是(　　).

A. $30°$　　B. $45°$　　C. $60°$　　D. $90°$

【水平二练习】

一、填空题

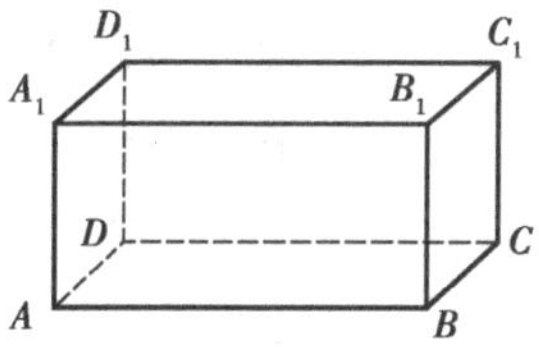

题 1 图

1. 如图所示，在长方体 $ABCD-A_1B_1C_1D_1$ 中，二面角 C_1-AC-B 的大小是________.

2. 如图所示，在三棱锥 $P-ABC$ 中，$PA\perp AB$，$PB\perp BC$，$AB\perp BC$，且 $PB=\sqrt{5}$，$AB=2$，则二面角 $P-BC-A$ 的正弦值是________.

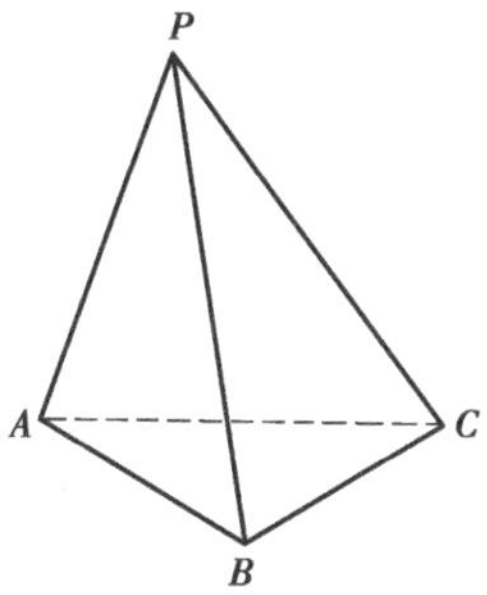

题 2 图

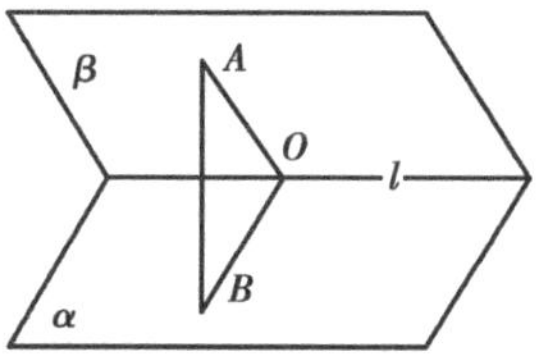

题 3 图

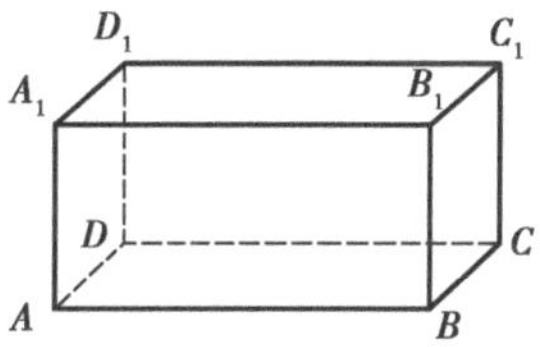

题 4 图

3. 如图所示，$\angle AOB$ 是二面角 $\alpha-l-\beta$ 的平面角，且 $\angle AOB=60°$，$AB\perp\alpha$ 于 B，$OA=3$，则 $AB=$________.

4. 如图所示,在长方体 $ABCD-A_1B_1C_1D_1$ 中,$AD=6$,二面角 C_1-AB-C 的余弦值是$\frac{2}{5}$,则长方体的高 $AA_1=$________.

二、解答题

1. 如图所示,在长方体 $ABCD-A_1B_1C_1D_1$ 中,$BC=B_1B$,求二面角 B_1-DC-B 的大小.

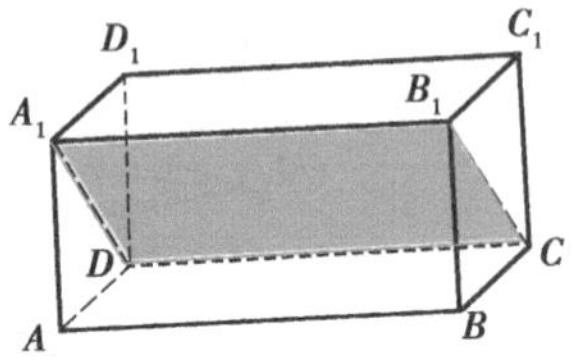

2. 如图所示,在正方体 $ABCD-A_1B_1C_1D_1$ 中,

(1)求二面角 A_1-AD-B 的大小;

(2)求二面角 $A_1-C_1C-B_1$ 的大小.

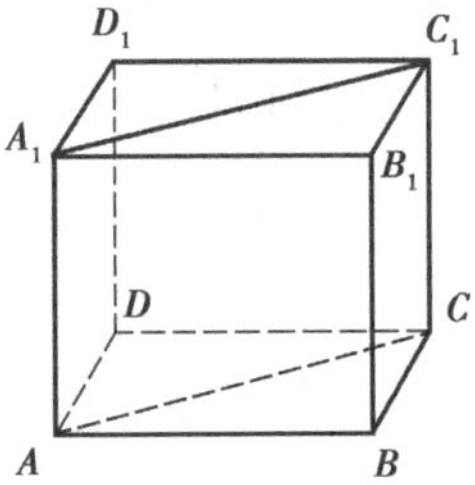

【综合练习】

1. 如图所示，在长方体 $ABCD-A_1B_1C_1D_1$ 中，已知 $AB=\sqrt{3}$ 厘米，$AA_1=1$ 厘米，求二面角 A_1-BC-A 的大小.

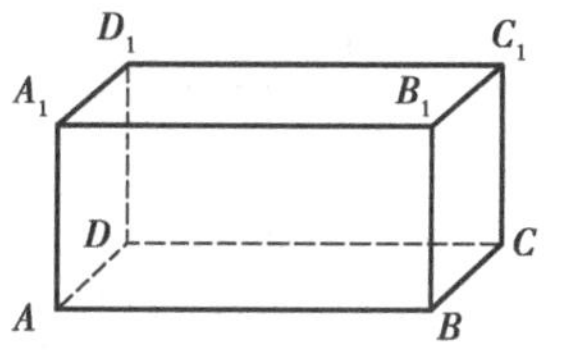

2. 如图所示，在正方体 $ABCD-A_1B_1C_1D_1$ 中，求二面角 C_1-BD-C 的正弦值.

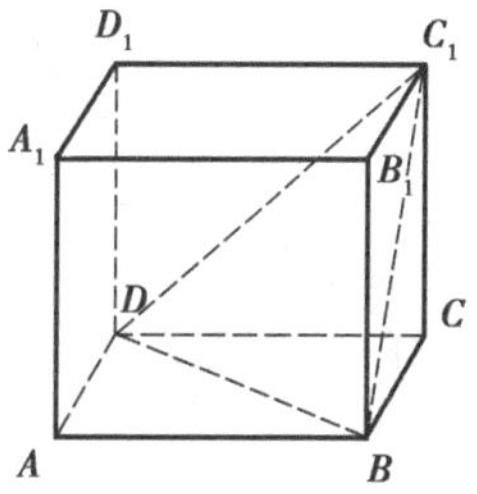

【反思笔记】

（描述易错点、易混点、难点等）

6.4.3 平面与平面垂直

【基本概念】

名称	概念	图形及数学符号表示
两个平面互相垂直	如果两个相交平面所成的二面角的平面角是直二面角,则称这两个平面相互垂直	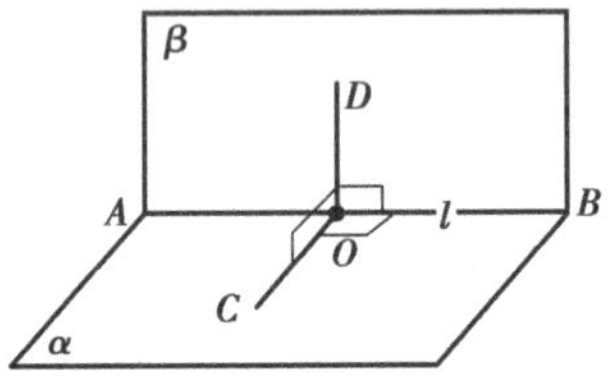 $\alpha\perp\beta$

公理、定理、推论	图形	数学符号表示
判定定理:如果一个平面经过另外一个平面的垂线,那么这两个平面垂直	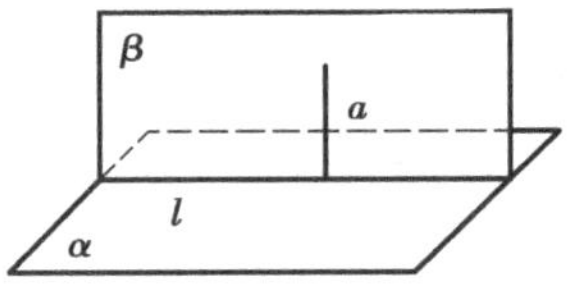	若 $a\perp\alpha$,$a\subset\beta$,则 $\alpha\perp\beta$
性质定理:如果两个平面垂直,那么在一个平面内垂直于交线的直线垂直于另一个平面	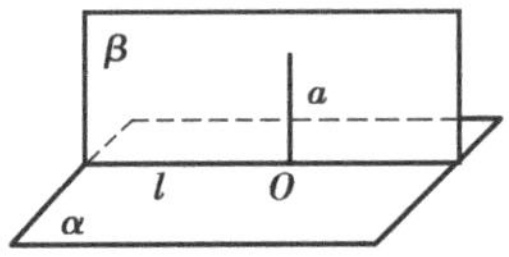	若 $\alpha\perp\beta$,$\alpha\cap\beta=l$,$a\perp l$,$a\subset\beta$,则 $a\perp\alpha$

【水平一练习】

一、填空题

1. 如果两个平面相互垂直,那么二面角的平面角是________.
2. 如果两个平面相交,二面角的大小为90°,那么这两个平面________.
3. 命题"如果平面 α 与平面 β 垂直,那么平面 α 内的直线 l 一定垂直于平面 β."是________命题.(填"真"或"假")
4. 如果直线 a 与直线 b 平行,且经过直线 a 的平面垂直于平面 α,那么经过直线 b 的平面与平面 α 的关系是________.

二、选择题

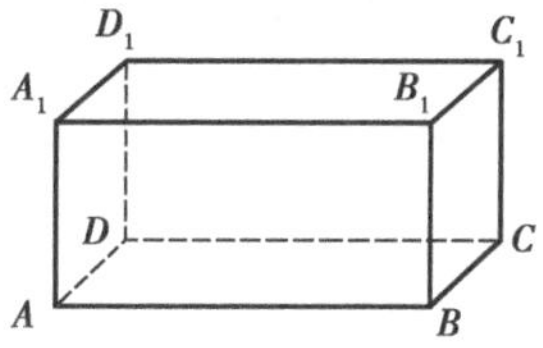

题 1 图

1. 如图所示，在长方体 $ABCD-A_1B_1C_1D_1$ 中，与平面 AC 垂直的面有（　　）.

A. 1 个　　B. 2 个

C. 3 个　　D. 4 个

2. 如图所示，在直三棱柱 $ABC-A_1B_1C_1$ 中，与底面 AC 垂直的面有（　　）.

A. 1 个　　B. 2 个　　C. 3 个　　D. 4 个

3. 如图所示，在四面体 $P-ABC$ 中，如果 $PA\perp$ 平面 ABC，则与平面 ABC 垂直的平面共有（　　）.

A. 1 个　　B. 2 个　　C. 3 个　　D. 4 个

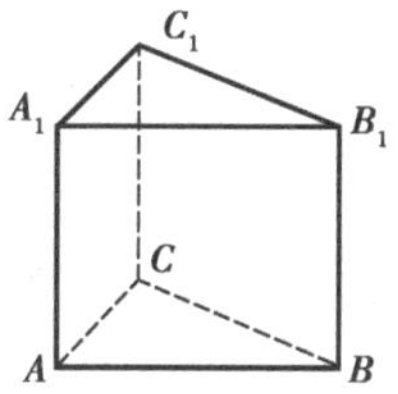

题 2 图

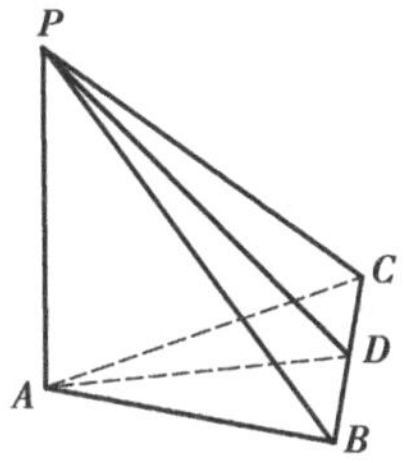

题 3 图

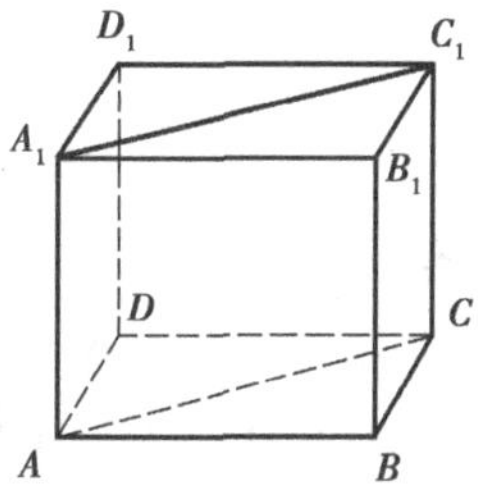

题 4 图

4. 如图所示，在正方体 $ABCD-A_1B_1C_1D_1$ 中，平面 A_1C 与平面 D_1B 的位置关系是（　　）.

A. 平行　　B. 相交且垂直　　C. 相交且不垂直　　D. 重合

【水平二练习】

一、填空题

1. 如果 $\alpha\perp\beta$ 且 $\alpha\cap\beta=l$，那么在平面 β 内，经过交线 l 上一点有________条直线垂直于平面 α.

2. 如果 $l\perp\alpha$，那么经过直线 l 有________个平面与平面 α 垂直.

3. 如果三个平面两两互相垂直，那么它们的交线________.

4. 两个平行平面与第三个平面垂直，那么它们的交线________.

5. 如果 $\alpha\cap$ 平面 $\beta=l$，且 $l\perp\gamma$，则 α ________ γ.

二、解答题

1. 如图所示，已知 $\angle ABC=90°$，$AD\perp BC$. 求证：平面 $ABC\perp$ 平面 DAB.

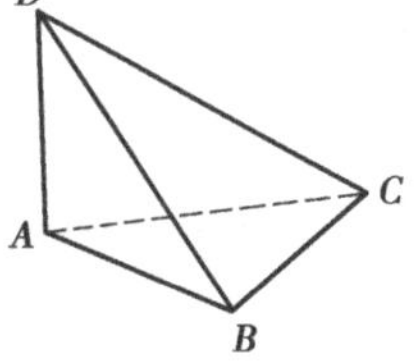

2. 如图所示,有直二面角 $\alpha-MN-\beta$,$AB=13$ 厘米,$AC\perp MN$ 于 C,$BD\perp MN$ 于 D,$AC=3$ 厘米,$BD=4$ 厘米,求 CD 的长度.

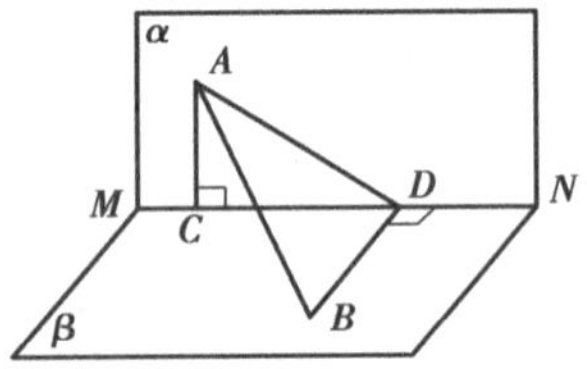

【综合练习】

如图所示,已知 CD 为正△ABC 中 AB 边的中线,$SC\perp$ 平面 ABC,$AB=4$,$SC=2$.

(1)求证:平面 $SCD\perp$ 平面 ABC;

(2)求二面角 $S-AB-C$ 的大小.

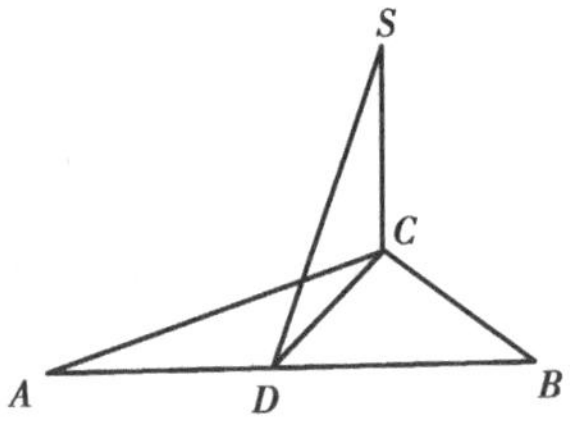

【反思笔记】

(描述易错点、易混点、难点等)

自我评价 6

（满分 100 分，时间 45 分钟）　　　　评价结果：________

一、选择题（每题 6 分，共 36 分）

1. 直线 l 是平面 α 外一条直线，下列条件中可得到直线 $l /\!/$ 平面 α 的是(　　).

A. 直线 l 与平面 α 内的一条直线不相交

B. 直线 l 与平面 α 内两条直线不相交

C. 直线 l 与平面 α 内的无数条直线不相交

D. 直线 l 与平面 α 内的所有直线不相交

2. 直线 l 与平面 α 内的两条相交直线都垂直，则直线 l 与平面 α 的关系是(　　).

A. 平行　　B. 垂直

C. 直线 l 在平面 α 内　　D. 不能确定

3. 如果两个平面同时垂直于第三个平面，那么它们的位置关系是(　　).

A. 平行　　B. 垂直　　C. 相交不垂直　　D. 以上情况都可能

4. 如图所示，在棱长为 2 的正方体 $ABCD-A_1B_1C_1D_1$ 中，直线 A_1C_1 与平面 AC 的距离是(　　).

A. $\sqrt{2}$　　B. 2

C. $2\sqrt{2}$　　D. 4

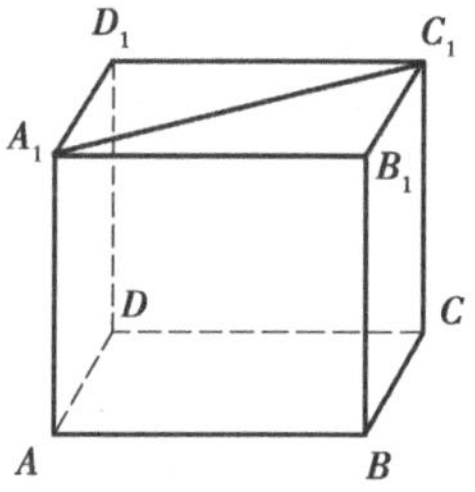

题 4 图

5. 如图所示，在矩形 $ABCD$ 中，$PA \perp$ 平面 AC，$PA=2\sqrt{3}$，$AB=2$，$AD=6$，则异面直线 PA 与 BC 的距离是(　　).

A. 2　　B. $2\sqrt{3}$

C. 4　　D. 6

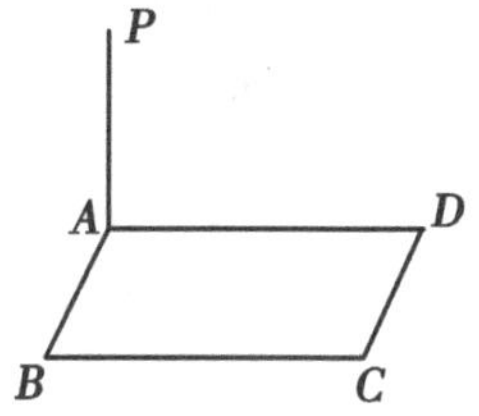

题 5 图

6. 如上题图所示，在矩形 $ABCD$ 中，$PA \perp$ 平面 AC，$PA=3$，$AB=\sqrt{3}$，$AD=3\sqrt{3}$，则二面角 $P-BC-A$ 的平面角是(　　).

A. $30°$　　B. $45°$

C. $60°$　　D. $90°$

二、填空题（每题 6 分，共 24 分）

1. 过直线外一点，可作________条直线与这条直线平行；可作________条直线与这条直线垂直.

2. 过平面外一点可作________条直线与这个平面平行；可作________条直线与这个平面垂直.

3. 同一平面内两条相交直线的夹角的范围是________；两条异面直线所成的角的范围是________.

4. 直线与平面相交所成的角的范围是________,二面角的平面角的范围是________.

三、解答题(第 1 小题 13 分,第 2 小题 13 分,第 3 小题 14 分,共 40 分)

1. 如图所示,在空间四边形 $ABCD$ 中,E,F,G,H 分别是 AB,BC,CD,DA 的中点,求证:$FG//$平面 EHC.

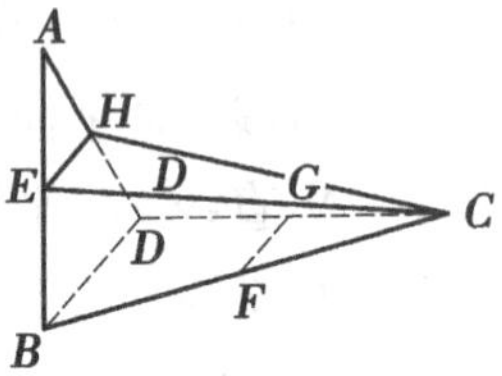

2. 如图所示,在长方体 $ABCD-A_1B_1C_1D_1$ 中,$AB=4\sqrt{3}$,$AD=3\sqrt{3}$,$A_1A=5$,求 D_1B 与平面 AC 所成的角.

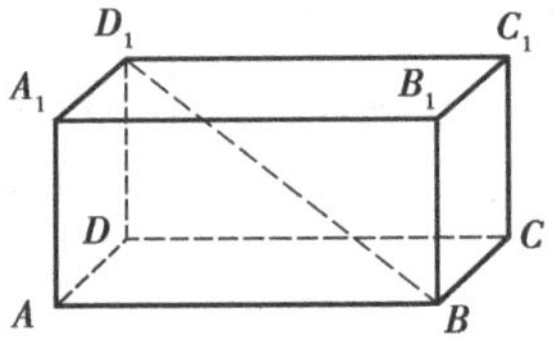

3. 如图所示,点 P 是二面角 $\alpha-AB-\beta$ 内一点,且 $PC\perp$平面 α,$PD\perp$平面 β,求证:$AB\perp CD$.

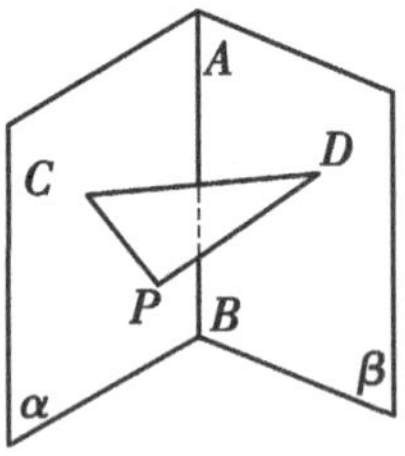

“充要条件”单元检测题

（时间 90 分，满分 100 分）

一、选择题（共 10 题，每题 4 分，共 40 分）

1. “$x^2=1$”是“$x=1$”的(   ).

A. 充分不必要条件　　B. 必要不充分条件

C. 充要条件　　D. 既不充分也不必要条件

2. “$x-2=0$”是“$(x-2)(x+4)=0$”的(   ).

A. 充分不必要条件　　B. 必要不充分条件

C. 充要条件　　D. 既不充分也不必要条件

3. “函数 $f(x)$ 在其定义域内为偶函数”是“函数 $f(x)$ 的图像关于 y 轴对称”的(   ).

A. 充分不必要条件　　B. 必要不充分条件

C. 充要条件　　D. 既不充分也不必要条件

4. 当 $a>0$ 且 $a\neq1$ 时，$\log_a x=1$ 的充要条件是(   ).

A. $x=-1$　　B. $x=0$　　C. $x=1$　　D. $x=a$

5. “$x\in\mathbf{N}$”是“$x\in\mathbf{Z}$”的(   ).

A. 充分不必要条件　　B. 必要不充分条件

C. 充要条件　　D. 既不充分也不必要条件

6. 若 $A\subseteq B$，则“$x\in A$”是“$x\in B$”的(   ).

A. 充分不必要条件　　B. 必要不充分条件

C. 充要条件　　D. 既不充分也不必要条件

7. 若全集是 U，则“$x\in A$”是“$x\notin \complement_U A$”的(   ).

A. 充分不必要条件　　B. 必要不充分条件

C. 充要条件　　D. 既不充分也不必要条件

8. 方程 $x^2+x+m=0$ 有实数根的充要条件是(   ).

A. $m<\dfrac{1}{4}$　　B. $m\leqslant\dfrac{1}{4}$　　C. $m>\dfrac{1}{4}$　　D. $m\geqslant\dfrac{1}{4}$

9. 若 $c\neq0$，则“$a<b$”是“$ac^2<bc^2$”的(   ).

A. 充分不必要条件　　B. 必要不充分条件

C. 充要条件　　D. 既不充分也不必要条件

10. “x 是 3 的倍数”是“x 是 6 的倍数”的(   ).

A. 充分不必要条件　　B. 必要不充分条件

C. 充要条件　　D. 既不充分也不必要条件

二、填空题(共 6 题,每题 4 分,共 24 分)

11. 当 $a>0$ 且 $a\neq 1$ 时,指数函数 $y=a^x$ 在区间$(-\infty,+\infty)$上为减函数的充要条件是____________.

12. 一次函数 $y=kx-2$ 在区间$(-\infty,+\infty)$上为增函数的充要条件是____________.

13. 二次函数 $y=ax^2+bx+c(a\neq 0)$的图像过原点的充要条件是____________.

14. 直线 $2x+3y-1=0$ 与直线 $ax-y+3=0$ 平行的充要条件是____________.

15. 不等式$\frac{x}{2}-1>\frac{x}{3}$成立的充要条件____________.

16. 在$\triangle ABC$ 中,“$\cos A<0$”是“角 A 是钝角”的____________条件.

三、解答题(共 5 题,17、18 题每题 6 分,19、20、21 题每题 8 分,共 36 分)

17. 求二次函数 $y=x^2-2x+c$ 与 x 轴有两个不同交点的充要条件.

18. 求方程 $x^2+y^2+6x-4y+\lambda=0$ 表示圆的充要条件.

19. 设集合 $A=\{x|x^2+3x+2\leqslant 0\}$,集合 $B=\{x|x\leqslant a\}$,如果“$x\in A$”是“$x\in B$”的充分条件,求 a 的取值范围.

20. 当 $a>0$ 时，设集合 $A=\{x\mid -3\leqslant x\leqslant 3\}$，集合 $B=\{x\mid |x|\geqslant a\}$，求 $A\cap B=\varnothing$ 的必要条件.

21. 求直线 $x-y+1=0$ 与圆 $(x-2)^2+(y+1)^2=r^2$ 没有公共点的必要条件.

“三角计算”单元检测题

(时间 90 分钟,满分 100 分)

一、选择题(共 10 题,每题 4 分,共 40 分)

1. 已知 $\sin\alpha=\frac{3}{5}$,$\alpha\in\left(0,\frac{\pi}{2}\right)$,则 $\sin 2\alpha=$( ).

A. $\frac{6}{5}$ B. $-\frac{6}{5}$ C. $-\frac{24}{25}$ D. $\frac{24}{25}$

2. $\sin 105°\cos 45°-\cos 105°\sin 45°=$( ).

A. $\frac{1}{2}$ B. $\frac{\sqrt{2}}{2}$ C. $\frac{\sqrt{3}}{2}$ D. $-\frac{\sqrt{6}+\sqrt{2}}{6}$

3. 下列函数为偶函数的是( ).

A. $y=\cos 2x$ B. $y=\sin 2x$ C. $y=\log_2 x$ D. $y=2^x$

4. $y=\sqrt{3}\sin x+\cos x$ 的最大值是( ).

A. $\sqrt{3}$ B. $\sqrt{3}+1$ C. 2 D. 1

5. 已知在△ABC 中,A 为锐角,$\sin A=\frac{5}{13}$,$\cos B=\frac{4}{5}$,则 $\cos(A+B)=$( ).

A. $\frac{33}{65}$ B. $-\frac{33}{65}$ C. $\frac{56}{65}$ D. $-\frac{56}{65}$

6. 已知 $\sin\alpha-\cos\alpha=\frac{4}{5}$,则 $\sin 2\alpha=$( ).

A. $\frac{8}{5}$ B. $\frac{8}{25}$ C. $\frac{9}{25}$ D. $\frac{9}{5}$

7. $f(x)=\sqrt{2}\sin 2x$ 的最小正周期是( ).

A. 2 B. $\sqrt{2}$ C. π D. 2π

8. 函数 $f(x)=2\sin x+1$ 的值域是( ).

A. $[-1,1]$ B. $[-1,3]$ C. $[-2,2]$ D. $[0,3]$

9. 在△ABC 中,$A=60°$, $b=4$,$S_{\triangle ABC}=4\sqrt{3}$. 则 c 的长度是( ).

A. 1 B. $\sqrt{3}$ C. 2 D. 4

10. 函数 $f(x)=\sin\left(2x-\frac{\pi}{6}\right)$的图像向左平移 θ 个单位后得到 $f(x)=\sin 2x$ 的图像,则 $\theta=$( ).

A. $\frac{\pi}{6}$ B. $-\frac{\pi}{12}$ C. $\frac{\pi}{3}$ D. $\frac{\pi}{12}$

二、填空题(共6题,每题4分,共24分)

11. 角 α 终边上有一点 $P(3,-4)$,则 $\cos 2\alpha=$________.

12. $\frac{1-\tan 15^\circ}{1+\tan 15^\circ}=$________.

13. 函数 $f(x)=\sin(2x+\frac{\pi}{3})$ 的最小正周期为________.

14. 已知 $f(x)=\frac{1}{1-\sin x}$,则 x 的取值范围是________________.

15. $f(x)=\sin x-\cos x$ 的最小值是________.

16. $f(x)=\sin\left(x+\frac{\pi}{6}\right)$ 的单调递减区间为________________.

三、解答题(共5题,17、18题每题6分,19、20、21题每题8分,共36分)

17. 已知 $\cos\alpha=\frac{4}{5}$,$\alpha\in(0,\pi)$,$\sin\beta=-\frac{1}{2}$,$\beta\in\left(\pi,\frac{3\pi}{2}\right)$,求 $\sin(\alpha-\beta)$ 的值.

18. 已知 $\tan A$ 和 $\tan B$ 是方程 $x^2-3x+2=0$ 的两个根,请你利用所学知识计算 $\tan(A+B)$ 的值.

19. 已知函数 $f(x)=\sqrt{3}\sin x+a\cos x$ 的图像经过点 $\left(\frac{\pi}{6},\sqrt{3}\right)$.

(1)求 a 的值;

(2)求函数 $f(x)$ 的最值及最小正周期.

20. 在$\triangle ABC$中,内角A,B,C所对的三条边为a,b,c. 已知$a=3,b=2,\cos C=\frac{1}{4}$,求三角形的周长及面积.

21. 已知函数$f(x)=2\cos x(\sin x-\cos x)+1$,求$f(x)$的最小正周期及单调递减区间.

“数列”单元检测题

（时间 90 分钟，满分 100 分）

一、选择题（共 10 题，每题 4 分，共 40 分）

1. 数列 $-1,\frac{3}{4},-\frac{5}{9},\frac{7}{16},-\frac{9}{25},\cdots$ 的第 9 项为（　　）.

A. $\frac{1}{9}$　　B. $-\frac{19}{100}$　　C. $-\frac{17}{81}$　　D. $\frac{21}{121}$

2. 已知数列 $a_n=4^n$，则 $a_3=$（　　）.

A. 1　　B. 4　　C. 8　　D. 64

3. 在等差数列 $\{a_n\}$ 中，$a_4+a_7=16$，则 $S_{10}=$（　　）.

A. 60　　B. 80　　C. 120　　D. 160

4. 已知一个数列的通项公式是 $a_n=n(n-1)$，则 56 是这个数列的（　　）.

A. 第 5 项　　B. 第 6 项　　C. 第 7 项　　D. 第 8 项

5. 在等比数列 $\{a_n\}$ 中，若 $q=\frac{1}{2}$，$a_6=\frac{1}{16}$，则 $a_1=$（　　）.

A. 1　　B. -1　　C. 2　　D. -2

6. 已知 a,b 是方程 $x^2-2x-3=0$ 的两个根，则 a,b 的等差中项为（　　）.

A. 1　　B. 2　　C. 3　　D. 4

7. 某厂第一年的产值记为 1，若计划今后每年的产值比上年增长 10%，那么该厂第 6 年的产值为（　　）.

A. 1.1^5　　B. 1.1^4　　C. 0.9^5　　D. 0.9^4

8. 在等比数列 $\{a_n\}$ 中，已知 $a_1\cdot a_7=9$，则 $a_4=$（　　）.

A. -3　　B. 3　　C. ± 3　　D. 6

9. 等差数列 $\{a_n\}$ 的前 n 项和为 S_n，且 $S_3=6$，$a_1=4$，则公差 $d=$（　　）.

A. 1　　B. -2　　C. -3　　D. 3

10. 等比数列 $\{a_n\}$ 的前 3 项和等于首项的 3 倍，则该数列的公比为（　　）.

A. -2　　B. 1　　C. -2 或 1　　D. 2 或 -1

二、填空题（共 6 题，每题 4 分，共 24 分）

11. -3 和 15 的等差中项是________.

12. 已知数列 $\{a_n\}$ 是等比数列，$a_2=2$，$a_5=\frac{1}{4}$，则 $q=$________.

13. 等差数列 $\{a_n\}$ 的前 n 项和 $S_n=n^2-n$，这个数列的第 10 项是________.

14. 在等比数列 $\{b_n\}$ 中，若 $b_1=4$，$q=-\frac{1}{2}$，则 $S_6=$________.

15. 某林场计划总造林3.5平方公里,已知第一年造林0.5平方公里,以后每年比上一年多造林0.1平方公里,则________年后完成造林计划.

16. 在等差数列$\{a_n\}$中,$a_5=2$,$a_8=10$,则$a_4+a_5+a_6+a_7+a_8+a_9=$________.

三、解答题(共5题,17、18题每题6分,19、20、21题每题8分,共36分)

17. 在等差数列$\{a_n\}$中,$a_2=5$,$a_7=20$,求该数列的前9项和S_9.

18. 已知数列$\{a_n\}$是各项为正数的等比数列,且$a_1=3$,$a_2+a_3=18$,求a_6.

19. 设三个数a,b,c成等差数列,其和为6,且$a,b,c+1$成等比数列,求此三个数.

20. 在等差数列$\{a_n\}$中,$S_7=35$,$a_1=2$.

(1)求数列$\{a_n\}$的通项公式;

(2)设$b_n=3^{a_n}$,求数列$\{b_n\}$的前4项和.

21. 第一届现代奥运会于 1896 年在希腊雅典举行,此后每 4 年举行一次,奥运会如因故不能举行,届数照算.

(1)试写出由应该举行奥运会的年份构成的数列的通项公式;

(2)2008 年北京奥运会是第几届奥运会?

(3)2050 年举行奥运会吗?

“平面向量”单元检测题

(时间 90 分钟,满分 100 分)

一、选择题(共 10 题,每题 4 分,共 40 分)

1. 下列物理量:①风速;②温度;③角度;④质量;⑤浮力;⑥位移. 其中可以看成是向量的个数是(　　).

A. 1　　B. 2　　C. 3　　D. 4

2. 如图所示,在四边形 $ABCD$ 中,$\overrightarrow{AB}=\overrightarrow{DC}$,则相等的向量是(　　).

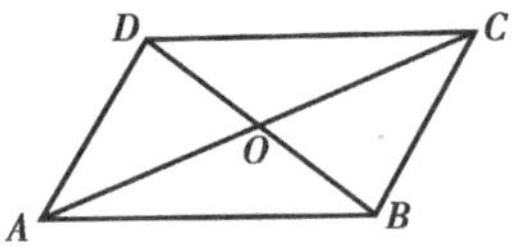

A. $\overrightarrow{AD}$与$\overrightarrow{CB}$　　B. $\overrightarrow{OA}$与$\overrightarrow{OC}$

C. $\overrightarrow{AC}$与$\overrightarrow{BD}$　　D. $\overrightarrow{DO}$与$\overrightarrow{OB}$

3. 如图所示,在△ABC 中,点 D 是边 AC 的中点,则下列等式不成立的是(　　).

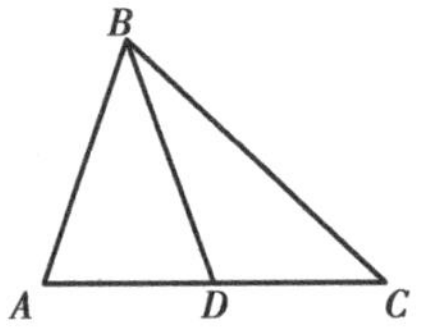

A. $\overrightarrow{BD}=\overrightarrow{BA}+\frac{1}{2}\overrightarrow{AC}$　　B. $\overrightarrow{BD}=\overrightarrow{BA}+\overrightarrow{BC}$

C. $\overrightarrow{BD}=\overrightarrow{BC}-\overrightarrow{DC}$　　D. $\overrightarrow{BD}=\frac{1}{2}(\overrightarrow{BA}+\overrightarrow{BC})$

4. 已知向量 $\vec{a},\vec{b}$ 不共线,$\overrightarrow{AB}=2\vec{a}+\vec{b}$,$\overrightarrow{AC}=-\vec{a}+3\vec{b}$,$\overrightarrow{CD}=6\vec{a}-4\vec{b}$,则(　　).

A. A,B,C 三点共线　　B. A,B,D 三点共线

C. A,C,D 三点共线　　D. B,C,D 三点共线

5. 已知 $\vec{i},\vec{j}$ 为基本单位向量,$\vec{a}=3\vec{i}+4\vec{j}$,$\vec{b}=6\vec{i}+8\vec{j}$,则下列说法中错误的是(　　).

A. 向量 $\vec{b}$ 是向量 $\vec{a}$ 的 2 倍　　B. 向量 $\vec{a}$ 的模是 5

C. 向量 $\vec{a}$ 与向量 $\vec{b}$ 是共线向量　　D. 向量 $\vec{a}$ 的坐标是(3,4)

6. 已知点 $A(-1,2)$,$B=(-3,1)$,$\overrightarrow{AC}=(0,-1)$,则$\overrightarrow{BC}=$(　　).

A. $(-1,1)$　　B. $(2,0)$　　C. $(-2,-1)$　　D. $(2,-2)$

7. 已知点 $M(3,-2)$是 AB 的中点,若 $A(5,0)$,则点 B 的坐标为(　　).

A. $(8,-2)$　　B. $(6,-4)$　　C. $(1,-4)$　　D. $(1,-1)$

8. 已知$|\vec{a}|=2$,$|\vec{b}|=1$,且 $\vec{a}\perp\vec{b}$,则$|\vec{a}-\vec{b}|=$(　　).

A. 1　　B. 2　　C. $\sqrt{5}$　　D. 3

9. 设向量 $\vec{a}=(1,2)$,$\vec{b}=(x,-4)$,若 $\vec{a}/\!/\vec{b}$,则 $x=$(　　).

A. -2　　B. 2　　C. 8　　D. -8

10. 已知向量 $\vec{a},\vec{b}$ 满足 $\vec{a}$ 的模为 3,且$|\vec{a}|=\frac{1}{2}|\vec{b}|$,则 $\vec{b}\cdot\vec{b}=$(　　).

A. 6　　　　B. 9　　　　C. 24　　　　D. 36

二、填空题(共 6 题,每题 4 分,共 24 分)

11. 在四边形 $ABCD$ 中,$\overrightarrow{AB}=\overrightarrow{DC}$,且 $|\overrightarrow{AB}|=|\overrightarrow{AD}|$,则该四边形的形状是________.

12. 如图所示,网格纸上小正方形的边长为 1,点 D,E 分别是 $\triangle ABC$ 的边 AB,AC 的中点,则 $\overrightarrow{DE}=$________$\overrightarrow{BC}$,$|\overrightarrow{AB}|=$________.

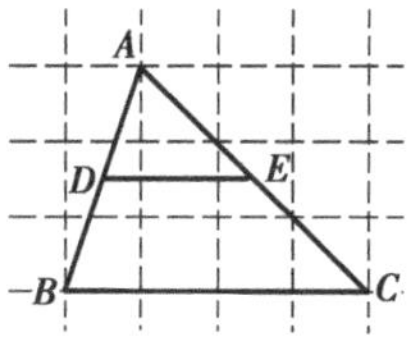

13. 已知 $\vec{a}=(2,-1)$,$\vec{b}=(1,3)$,则 $\vec{a}+\vec{b}=$________.

14. 向量 $\vec{a}$ 和向量 $\vec{b}$ 都是单位向量,且 $\vec{a}$ 与 $\vec{b}$ 的夹角为135°,那么 $\vec{a}\cdot\vec{b}=$________.

15. 已知 $\vec{a}=(2,1)$,$\vec{b}=(3,m)$,若 $\vec{a}\cdot\vec{b}=4$,那么 $m=$________.

16. 已知 $\vec{a}=(-1,1)$,$\vec{b}=(x,2)$,若 $(2\vec{a}-\vec{b})\perp\vec{a}$,那么 $x=$________.

三、解答题(共 5 题,17、18 题每题 6 分,19、20、21 题每题 8 分,共 36 分)

17. 如图所示,已知 $\vec{i}$,$\vec{j}$ 为基本单位向量.

(1)写出向量 $\vec{a}$,$\vec{b}$,$\vec{c}$ 的坐标;

(2)在图中,以 A 为起点作出以下向量:$\overrightarrow{AB}=(-2,1)$,$\overrightarrow{AC}=(2,0)$,$\overrightarrow{AD}=(1,-2)$.

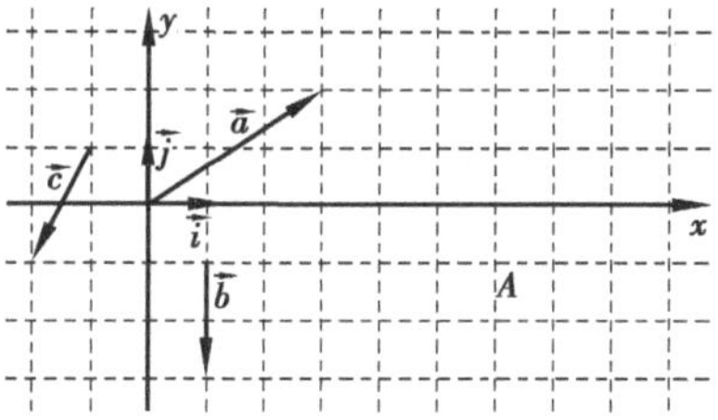

18. (1)化简:$\overrightarrow{AB}+\overrightarrow{CD}-\overrightarrow{AD}-\overrightarrow{CB}$;　　(2)计算:$\frac{1}{2}(\vec{a}+2\vec{b})-\frac{2}{3}(3\vec{a}-\vec{b})$.

19. 如图所示,已知四边形 $ABCD$ 是梯形,$AB//CD$,且 $AB=2CD$,点 E,F 分别是边 AB,CD 的中点,设$\overrightarrow{AB}=\vec{a}$,$\overrightarrow{AD}=\vec{b}$,请用 $\vec{a}$,$\vec{b}$ 表示$\overrightarrow{BC}$,$\overrightarrow{EF}$.

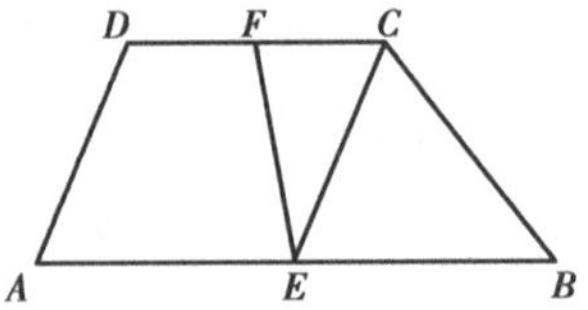

20. 已知向量 $\vec{a}=(2,0)$,$\vec{b}=(-1,3)$.

(1)求 $3\vec{a}-2\vec{b}$;

(2)求$|\vec{a}+\vec{b}|$;

(3)若$(k\vec{a}+\vec{b})//(\vec{a}+\vec{b})$,求实数 k 的值.

21. 已知向量 $\vec{a}$ 与 $\vec{b}$ 的夹角为30°,$|\vec{a}|=\sqrt{3}$,$|\vec{b}|=1$.

(1)求 $\vec{a}\cdot\vec{b}$;

(2)求 $\vec{a}+\vec{b}$ 与 $\vec{a}$ 的夹角的余弦值.

“圆锥曲线”单元检测题

（时间 90 分钟，满分 100 分）

一、选择题（共 10 题，每题 4 分，共 40 分）

1. 椭圆$\frac{x^2}{9}+\frac{y^2}{25}=1$的焦点坐标是（　　）.

A. $F_1(-4,0)$，$F_2(4,0)$　　B. $F_1(0,-4)$，$F_2(0,4)$

C. $F_1(-3,0)$，$F_2(3,0)$　　D. $F_1(0,-3)$，$F_2(0,3)$

2. 若抛物线的顶点在原点，焦点到原点的距离为 1，对称轴为 x 轴，则抛物线的标准方程为（　　）.

A. $x^2=\pm 2y$　　B. $y^2=\pm 2x$　　C. $x^2=\pm 4y$　　D. $y^2=\pm 4x$

3. 已知双曲线的虚半轴长为 3，且一个顶点为 $(-4,0)$，则该双曲线的标准方程为（　　）.

A. $\frac{x^2}{9}-\frac{y^2}{16}=1$　　B. $\frac{y^2}{9}-\frac{x^2}{16}=1$　　C. $\frac{x^2}{16}-\frac{y^2}{9}=1$　　D. $\frac{y^2}{16}-\frac{x^2}{9}=1$

4. 已知 F_1，F_2 为椭圆$\frac{x^2}{25}+\frac{y^2}{9}=1$的两个焦点，$P$ 是过 F_1 的直线与椭圆的交点中的一个，则$\triangle PF_1F_2$ 的周长是（　　）.

A. 10　　B. 13　　C. 18　　D. 16

5. 有抛物线 $x^2+4y=0$，下列说法不正确的是（　　）.

A. 其焦点在 y 轴的正半轴上　　B. 焦点到准线的距离为 2

C. 其焦点在 y 轴的负半轴上　　D. 其准线方程为 $y=1$

6. 直线 $3x+4y+7=0$ 与圆 $(x-3)^2+(y+1)^2=9$ 的位置关系是（　　）.

A. 相离　　B. 相切　　C. 相交　　D. 无法确定

7. 若点 $F_1(-5,0)$ 是双曲线$\frac{x^2}{3k}-\frac{y^2}{2k}=1$的一个焦点，则 k 的值为（　　）.

A. -5　　B. 5　　C. -3　　D. 2

8. 方程 $x^2+y^2+6x-4y-3=0$ 表示的曲线是（　　）.

A. 以 $(-3,2)$ 为圆心，4 为半径的圆　　B. 以 $(3,-2)$ 为圆心，4 为半径的圆

C. 以 $(-3,2)$ 为圆心，16 为半径的圆　　D. 不表示任何图形

9. 已知 F_1，F_2 是双曲线$\frac{x^2}{16}-\frac{y^2}{25}=1$的两个焦点，$AB$ 是过左焦点 F_1 的弦，那么 $|AF_2|+|BF_2|-|AB|=$（　　）.

A. 25　　B. 20　　C. 16　　D. 无法确定

10. 若抛物线 $x^2=4y$ 上一点 A 到焦点的距离为 5，则点 A 的纵坐标是（　　）.

A. 5　　　　B. 4　　　　C. 3　　　　D. 2

二、填空题(共 6 题,每题 4 分,共 24 分)

11. 已知点 $M(a,-2)$ 在椭圆 $\frac{x^2}{9}+\frac{y^2}{16}=1$ 上,则 $a=$________.

12. 椭圆 $7x^2+3y^2=21$ 的离心率是________.

13. 双曲线 $\frac{y^2}{9}-\frac{x^2}{16}=1$ 的渐近线方程是________________.

14. 若方程 $\frac{x^2}{k+1}+\frac{y^2}{2-k}=1$ 表示焦点在 x 轴上的椭圆,则 k 的取值范围是________.

15. 直线 $y=x+1$ 与抛物线 $y^2=8x$ 有________个交点.

16. 椭圆经过点 $P(-2,0)$,且长轴长是短轴长的 2 倍,则椭圆的标准方程是________________.

三、解答题(共 5 题,17、18 题每题 6 分,19、20、21 题每题 8 分,共 36 分)

17. 若直线 $y=x+m$ 与椭圆 $4x^2+y^2=16$ 有交点,求 m 的取值范围.

18. 有一抛物线形拱桥,当水面距拱顶 4 米时,水面宽 40 米,当水面下降 1 米时,水面宽是多少米?

19. 已知双曲线的焦点在 x 轴,实半轴长为 5,点 $P(-5\sqrt{2},3)$ 在双曲线上.

(1)求双曲线的标准方程;

(2)若双曲线上有一点 P,满足 $PF_1\perp PF_2$,求 $\triangle PF_1F_2$ 的面积.

20. 已知直线 l 经过点 $P(0,b)$,倾斜角为 $\frac{\pi}{4}$,圆 C 的方程是 $x^2+y^2=2$.

(1)当 b 为何值时,直线 l 和圆 C 相切?

(2)当 b 为何值时,直线 l 与圆 C 相交所得的弦长为 $\sqrt{6}$?

21. 已知椭圆$\frac{x^2}{5}+y^2=1$的焦点为F_1,F_2,过左焦点F_1的直线l的倾斜角为$\frac{\pi}{4}$,且直线l与椭圆交于A,B两点.

(1)求直线l的方程;

(2)求$|AB|$;

(3)求$\triangle ABF_2$的面积.

“立体几何”单元检测题

（时间 90 分钟，满分 100 分）

一、选择题（共 10 题，每题 4 分，共 40 分）

1. 下列关于平面的说法中正确的是（　　）．
   A. 平面是一个平行四边形
   B. 通常用一个平行四边形来表示平面
   C. 平面内是有边界的
   D. 平面是有面积大小的
2. 下列说法中不正确的是（　　）．
   A. 不在同一条直线上的三点可以确定一个平面
   B. 两条相交直线可以确定一个平面
   C. 两条平行直线可以确定一个平面
   D. 异面直线可以确定两个平面
3. 直线 l 在平面 α 内，用符号表示是（　　）．
   A. $l\in\alpha$　　B. $l\subseteq\alpha$　　C. $l\subset\alpha$　　D. $l\not\subset\alpha$
4. 下列说法正确的是（　　）．
   A. 平行于同一条直线的两条直线平行
   B. 垂直于同一条直线的两条直线平行
   C. 垂直于同一条直线的两条直线垂直
   D. 平行于同一条直线的两条直线垂直
5. 下列关于直线与平面的关系，结论正确的是（　　）．
   A. 直线与平面所成的角的范围是$(0°,90°)$
   B. 过平面外一点可以作无数条直线与该平面垂直
   C. 过平面外一点可以作无数条直线与该平面平行
   D. 若直线垂直于平面内无数条直线，则直线垂直于该平面
6. 下列关于平面间的关系，描述正确的是（　　）．
   A. 两个平面的位置关系是平行、垂直
   B. 如果两个平面都垂直于一条直线，则这两个平面平行
   C. 两个平面相交只有一个公共点
   D. 如果两个平面同垂直于一个平面，那么这两个平面平行
7. 下列关于点、线、面的关系，理解正确的有（　　）．
   ①$A\in l$ 表示点 A 在直线 l 上；②$a\cap b=A$ 表示直线 a 与直线 b 相交于一点 A；③$\alpha\cap\beta=l$ 表示平面 α 与平面 β 相交于一条公共直线 l；④$a\cap\alpha=A$ 表示直线 a 与平面 α 只有一

个公共点 A.

A. 1 个　　B. 2 个　　C. 3 个　　D. 4 个

8. 下列说法正确的是(　　).

A. 平行于同一条直线的两个平面必定平行

B. 垂直于同一条直线的两条直线平行或相交

C. 垂直于同一平面的两条直线必定平行

D. 垂直于同一平面的两个平面必定垂直

9. 在正方体 $ABCD-A_1B_1C_1D_1$ 中,如图所示,异面直线 D_1B 与 AC 的夹角是(　　).

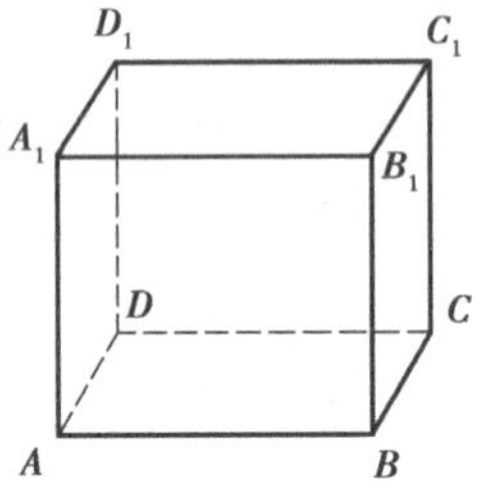

A. 30°　　B. 45°

C. 60°　　D. 90°

10. 如图所示,在长方体 $ABCD-A_1B_1C_1D_1$ 中,$AM\perp A_1B$ 于 M,则 AM 与 D_1B 的位置关系是(　　).

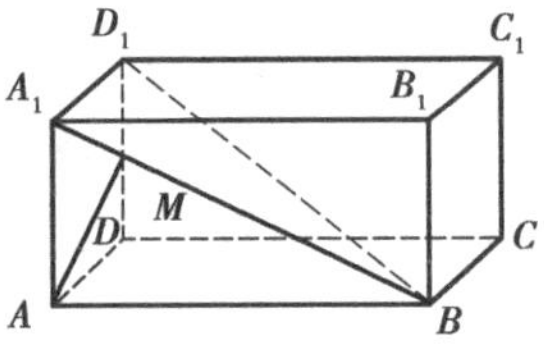

A. 相交不垂直　　B. 相交且垂直

C. 异面且垂直　　D. 异面且不垂直

二、填空题(共 6 题,每题 4 分,共 24 分)

11. 直线 l 与平面 α 平行,用数学符号表示是________.

12. 直线 l 不在平面 α 内,指的是________.

13. 直线与平面所成的角的范围是________.

14. 如果平面 α 与平面 β 没有公共点,那么用数学符号表示这两个平面的位置关系是________.

15. 直线 l 和 m 是平面 α 内两条相交直线,它们的交点是 O,用数学符号表示是________.

16. 已知 $\alpha\perp\beta$,$\alpha\cap\beta=l$,$A\in l$,如果 $B\in\beta$ 且 $AB\perp l$,则 AB 与平面 α 的位置关系用数学符号表示是________.

三、解答题(共 5 题,17、18 题每题 6 分,19、20、21 题每题 8 分,共 36 分)

17. 如图所示,四边形 $ABCD$ 是正方形,$PA\perp$ 平面 AC,求证:$\triangle PBC$ 是直角三角形.

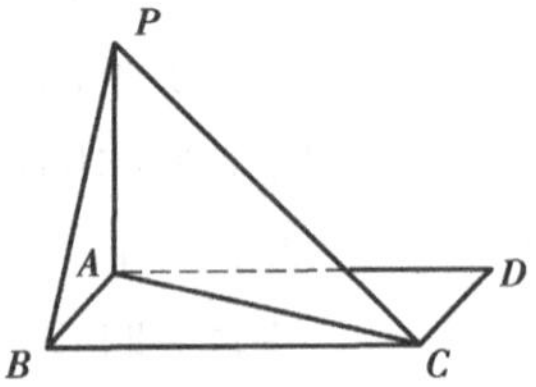

18. 如图所示,在直角$\triangle ABC$中,$C=90°$,$PA\perp$平面ABC,求证:平面$PBC\perp$平面PAC.

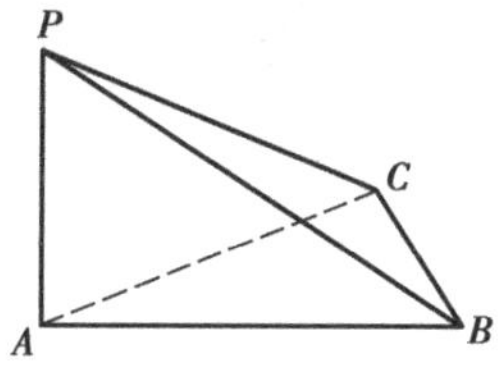

19. 如图所示,在正方体$ABCD-A_1B_1C_1D_1$中,E,F,H分别是A_1A,D_1D,B_1B的中点.

(1)求证:平面$FEB_1//$平面DAH;

(2)求二面角$H-AD-B$的平面角的余弦值.

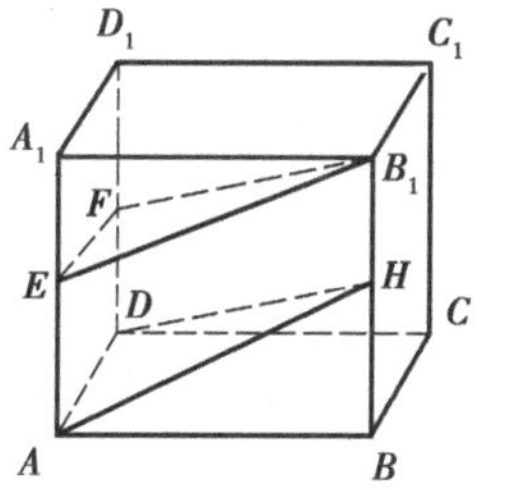

20. 如图所示,在长方体 $ABCD-A_1B_1C_1D_1$ 中,$AB=\sqrt{3}$,$AD=1$,求 D_1B 与 AC 所成的角的大小.

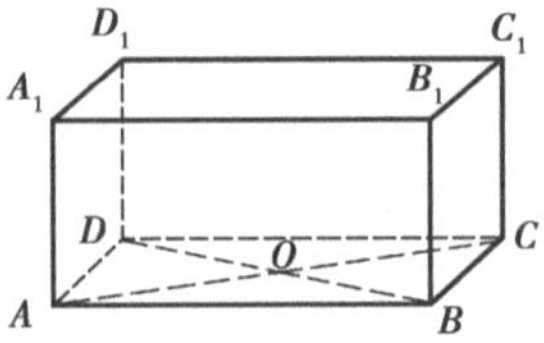

21. 如图所示,有直二面角 $\alpha-l-\beta$,在平面 α 内,$BD\perp AB$ 于 B,且 $BD=2\sqrt{5}$ 厘米,在平面 β 内,$AC\perp AB$ 于 A,且 $AC=4$ 厘米,$AB=8$ 厘米,求 CD 的长度.(提示:连接 BC)

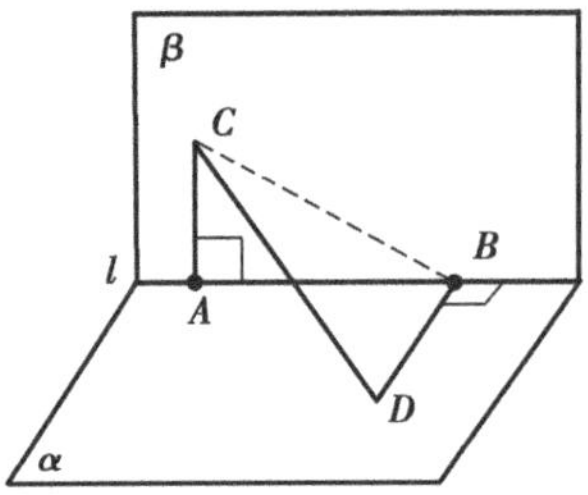